Alain Heril

Les ados, l'amour et le sexe

Ado amoureux, mode d'emploi

jouvence EDITIONS

Dans la même collection

Le vrai rôle du papa, Éric Tognoni, 2011
Choisir le bon psy, Vanessa Saab, 2011
Les liens mère-enfant, Juliette Allais, 2010
Mon ado est addict, Brigitte Mary et Laurent Delhomme, 2010
Réussir ses études : mode d'emploi, Miche Joye, 2008
Être parents sans cesser d'être amants,
Yves-Alexandre Thalmann, 2008
Se respecter et respecter les autres,
Agnès Payen de la Garanderie, 2008

Catalogue gratuit sur simple demande
Éditions Jouvence
France : BP 90107 – 74161 Saint-Julien-en-Genevois Cedex
Suisse : CP 184 – 1233 Genève-Bernex
Site internet : **www.editions-jouvence.com**
Mail : info@editions-jouvence.com

ISBN 978-2-88353-971-6

Dessin de couverture : Jean Augagneur
Maquette d'intérieur et de couverture : Stéphanie Roze
Mise en page intérieure : Nelly Irniger

Sommaire

Pour Anouk,
qui m'a tant appris sur moi-même...

Pour Anne Pichon pour la connivence.

« On n'est pas sérieux quand on a dix-sept ans. »
Arthur Rimbaud, poète

« J'ai une conception romantique de l'adolescence ; sans doute suis-je un peu en retard sur ceux qui insistent aujourd'hui sur le risque, la violence de cet âge. Je conçois au contraire, sans naïveté, une certaine idéalisation de l'adolescence, qui ne correspond probablement pas à ce que vivent bien des adolescents. Et c'est probablement pour cela que, lorsque je travaille avec eux, ça ne marche pas si mal... »
Philippe Gutton, psychanalyste et psychiatre

Pictogrammes

- À retenir
- ATTENTION
- Bon à savoir
- Conclusion
- Le petit plus
- Le saviez-vous ?
- Pour aller plus loin
- Recette
- Témoignage
- Trucs et astuces
- Un peu d'histoire
- Zoom

Notre collection **Maxi Pratiques** se veut claire, lisible, didactique et facile d'accès. Elle comporte des rubriques reconnaissables par des pictogrammes (ci-dessus); vous accédez ainsi à l'essence de nos livres rapidement (chaque livre ne contient pas forcément tous les pictogrammes présents). Bonne lecture et bien du plaisir!

Avant-propos

La sexualité des ados pose problème. Elle ne va de soi ni pour les adolescents eux-mêmes, ni pour leurs parents. D'un côté, c'est l'apprentissage et la mise en acte qui posent souci, de l'autre, c'est la difficulté à en parler avec eux qui s'avère souvent difficile.

Beaucoup de faits divers nous rappellent qu'il est urgent de pouvoir aider les uns et les autres à y voir plus clair au cœur d'une société où la sexualité est à la fois un « objet mystérieux » et une « chose » banalisée et ultramédiatisée.

Une adolescente est surprise que sa mère soit choquée parce qu'elle a eu une relation sexuelle dans les toilettes de son collège ; des jeunes de 15 ans filment la relation sexuelle d'une de leurs copines et l'affichent sur internet ; d'autres encore s'amusent à dépasser leurs limites dans les skins party... et, dans le même temps, des jeunes filles et de jeunes garçons prônent dans des attitudes militantes le retour à la virginité avant le mariage ! Où est la norme ? Où est l'attitude juste ?

Et le dernier rapport de l'Inserm sur la sexualité des Français qui nous apprend que l'âge statistique du premier rapport sexuel est toujours de 16 ans et 6 mois !

Nos ados sont-ils ou obsédés sexuels ou ultrapuritains ? Il me semble évident que la réponse est au-delà de cette dualité et qu'elle est à la fois simple et complexe comme tout ce qui touche à la sexualité humaine.

Les adolescents ne se demandent pas seulement : « Comment fait-on l'amour ? » Ils veulent aussi savoir ce qu'est l'Amour et comment entrer en relation avec l'autre dans une aventure relationnelle qui, souvent, fait peur car elle est marquée du sceau de l'inconnu.

L'adolescence est une période où l'on tente beaucoup de choses, parfois même avec une inconscience qui stupéfie les parents et les éducateurs. Il est donc important non seulement de savoir comment les accompagner dans leur découverte de la sexualité, mais aussi de les aider à ne pas confondre audace et mise en danger de soi et de l'autre.

Pour cela, les adultes que nous sommes se doivent de comprendre les spécificités de l'adolescence d'aujourd'hui (la référence à notre propre adolescence n'étant pas le seul baromètre de compréhension !) sans tomber dans une attitude jeuniste inefficace et tout en gardant une place d'adulte solide et compréhensive.

Cette « posture » n'est pas innée. Nous devons la construire par un effort de dialogues entre adultes et la nécessaire remise en cause de nos positions parentales qui, elles aussi, ne se déterminent pas d'elles-mêmes ! Il ne suffit pas d'avoir des enfants pour être parents ! Il y a un apprentissage de la parentalité qui passe par une réflexion sur l'autorité, la communication, la responsabilité.

Bien sûr, la question de la sexualité adolescente amène à d'autres problématiques profondes : moralité, rapport au corps, normalité, homosexualité, rapport à la jouissance, relations hommes/femmes, masturbation... Autant de domaines dans lesquels les adultes n'ont pas obligatoirement des réponses toutes faites et toujours pertinentes.

Néanmoins, il est bon de ramener la sexualité à des notions de rencontres, d'émotions et de respect afin de poser des valeurs fortes au regard d'une « activité » qui n'est pas seulement biologique et instinctive, mais aussi philosophique et existentielle.

La position parentale doit donc se construire en aidant les adolescents à entrer dans le monde de la sexualité avec une envie de découverte saine et structurée. C'est pour cela qu'interroger le rapport à la sexualité des ados, c'est aussi mettre au clair son rapport à sa propre sexualité d'adulte.

C'est une tentative à la fois de compréhension des mécanismes qui font que nous sommes des êtres de désir et d'envie, mais aussi une position qui donne à l'adulte le rôle d'un accompagnateur discret et solide.

Cela se met en place avec bienveillance, compréhension et autorité...

C'est dans cet esprit qu'est écrit ce livre.

Note à l'intention des lecteurs

Pour simplifier la lecture de cet ouvrage, nous avons choisi de décliner les termes au masculin uniquement ; il va de soi qu'ils concernent aussi bien les filles que les garçons !

Chapitre 1

Période de boule-versements fondamentaux

L'adolescence est un bouleversement hormonal sans équivalent dans la vie d'un sujet humain. Quelles sont les spécificités de ce bouleversement et qu'est-ce que cela entraîne comme modifications des perceptions de soi, des autres et de son rapport au corps et à une sexualité naissante ?

Changements corporels

En psychologie, on a coutume de définir l'adolescence comme une période spécifique de la vie d'un individu se situant entre 11 et 18 ans pour les filles et 12 et 20 ans pour les garçons.

Ces observations ne sont que statistiques car cette catégorisation peut s'avérer fausse en fonction des cas particuliers. Là, un individu de 12 ans sera vraiment en phase dite d'adolescence et ailleurs, une adolescente peut manifester les premiers signes spécifiques vers 14 ans.

Révolution hormonale

Mais que l'on soit d'un sexe ou d'un autre, il n'en demeure pas moins qu'il s'agit d'un moment de bouleversements considérables qui auront un impact sur la vie future de tout un chacun.

Les premiers changements notoires auxquels sont soumis les adolescents sont d'ordre physiologique. On peut parler d'une « révolution hormonale ».

L'adolescent est comme submergé par ce qui lui arrive et il est, comme le dit le psychiatre Philippe Gutton, *« envahi par la surprise »*. Même si on l'a prévenu sur l'ensemble de ces modifications, il y a un fossé considérable entre le savoir et le vivre.

Pour les garçons, c'est la mutation vocale, le changement de pilosité, l'augmentation du volume des testicules et de la prostate, la prise de conscience de l'éjaculation, le fait de grandir très vite, le développement de la masse musculaire, l'acné... Pour les filles, les premières règles, les seins qui poussent, la pilosité pubienne, la conscience de son pouvoir de séduction...

Tous ces signes racontent un corps en mutation constante, avec l'impression qu'il est impossible d'agir dessus. Le corps échappe au contrôle de la raison. Il n'en fait qu'à sa tête ! Et tout cela dans le sens d'une sexuation génitale évidente qui envoie à l'adolescent le message du début de son intégration dans le monde de la sexualité adulte.

Bien sûr, cette période peut se vivre avec calme et sérénité, mais il faut bien reconnaître que la marque de ces changements est plutôt l'inconfort. Les impacts sont d'ordre psychologique et nécessitent une réorganisation fondamentale dans le rapport corps-esprit qui, jusqu'à présent, fonctionnait sans trop de soucis notoires.

« Qui suis-je ? » se demande l'adolescent. Et comme corollaire à cette question surgit une autre tout aussi inquiétante : « Qui vais-je devenir ? » Il y a comme une étrangeté qui s'empare de tous les domaines du ressenti, comme si l'ado avait en lui un inconnu qui était en train de prendre sa place. Il n'est pas étonnant que cette mue profonde soit représentée symboliquement par les personnages mythiques du loup-garou ou des superhéros comme Spiderman, Superman ou Hulk, qui ont en eux un « alter ego », signe de la partie pulsionnelle d'eux-mêmes et qui s'expriment dans les situations où il leur faut être en « concurrence » et en lutte avec le monde adulte.

Ces changements, que l'on peut donc qualifier de psychocorporels, se cristalliseront sur trois terrains majeurs qui auront, de fait, une incidence sur la construction psychoaffective et sexuelle.

Témoignage

Sophie, 14 ans

« Lorsque j'ai eu mes premières règles, je me suis dit : "Ça y est, je suis une femme ! Il va falloir assurer !" J'ai ressenti un mélange de trouille et de fierté. J'avais envie à la fois de me cacher dix pieds sous terre et de le dire à tout le monde ! C'était à la fois naturel et monstrueux... »

L'autoperception du corps

Les changements que nous avons évoqués se cristalliseront sur une modification du rapport à l'espace et des notions de motricité. L'adolescent doit apprendre à se servir de son corps différemment. Ce qui se caractérise par des maladresses dans le comportement : il se cogne, évalue mal les distances, perd souvent son chemin, se juge plus grand ou plus petit qu'il n'est réellement...

Le rapport à l'espace

L'image de soi

Il est évident que l'ensemble des modifications corporelles que vivent les adolescents les obligent à une autre image de soi. Toutes les remarques faites sur le corps sont reçues avec difficulté. La question de l'habillement est cruciale, le poids est abordé soit dans l'excès (régime, voire tendances anorexiques), soit dans la banalisation (surpoids, voire tendances boulimiques ou hyperphages), la propreté peut devenir obsessionnelle...

Dans tous les cas, on peut remarquer une difficulté à intégrer une image de soi en équilibre tant dans le regard que l'on porte sur soi que sur ce que l'on attribue au regard de l'autre. L'oscillation est constante entre une obsession pour son image et un désintérêt total pour celle-ci.

L'identité

L'adolescent est un « presqu'adulte ». Il apprend au fur et à mesure de son vieillissement ce qui incombe au monde adulte et comment il devra le gérer et l'intégrer. Les corps sont sexués et on ne peut plus se comporter comme des enfants en banalisant ce qui est de l'ordre de la sexualité.

Il convient de reconnaître que les corps sont ceux de femmes et d'hommes ! Cela entraîne des modifications aussi bien vestimentaires que dans la façon de s'exprimer (vocabulaire plus riche, plus complexe...) et, surtout, s'installe une notion nouvelle, délicate et particulière : la capacité à séduire par les manifestations non verbales, c'est-à-dire par le seul langage du corps !

Construire son chemin

Ces notions mettent l'adolescent dans une situation à laquelle il ne peut pas échapper : il devient un adulte et construit petit à petit son chemin vers une sexualité directe et mature. Ce parcours inéluctable le place devant des choix qu'il accomplit avec difficultés certes, mais toujours dans une perspective d'évolution.

Nous avons vu quelques aspects et conséquences des modifications corporelles. Il est bon d'aborder aussi les aspects plus psychologiques.

Pour aller plus loin

Revue Adolescence, N° 48, « Attaques du corps ».

Changements psychologiques

On le sait, les changements psychologiques qu'entraîne la période de l'adolescence sont considérables. Ce n'est pas tant le fait que ces changements existent qui est important que celui que l'adolescent doit apprendre à les gérer lui-même. Certes, les adultes qui entourent les adolescents sont des aides précieuses (et notamment les parents), mais il y a comme une solitude fondamentale liée à « l'état d'adolescence ». Il faut faire avec ce qui émerge et qui est nouveau et simultanément construire une vision du monde qui doit trouver sa propre autonomie.

Pour reprendre un terme psychanalytique, l'adolescent se construit un « nouveau moi ». Pour mettre en place cet édifice, il a souvent besoin de s'appuyer sur d'autres moi déjà solides à ses yeux. Logiquement, il se tourne d'abord vers des ados plus matures ou des icônes diverses (chanteurs, sportifs, personnages imaginaires...). C'est ce que l'on appelle un « moi auxiliaire ».

Ce moment est important car il aide l'adolescent à passer le cap. À l'heure actuelle, les images trouvées sur internet peuvent jouer ce rôle, mais elles ne le jouent pas toujours de manière constructive.

L'adolescent cherche des modèles et en matière de sexualité, il veut trouver des représentations lui indiquant ce qu'est la sexualité et selon quelles règles elle s'édifie.

Témoignage

Pierre, 17 ans

« Mes parents adorent parler ! Je sais que c'est bien, mais je vis ces moments de dialogues obligatoires comme des interrogatoires. Qu'on me laisse tranquille dans ma chambre à écouter de la musique ! Je n'ai pas toujours besoin de parler ni de tout expliquer ! Les adultes en savent plus que moi quand même ! Pourquoi faut-il toujours donner mon avis ? »

Je reviendrai un peu plus loin sur le rôle de ces images (chapitre 6, « Adolescence et sexualité »). Ce qui est important ici, c'est de souligner que la recherche vers l'extérieur d'une compréhension des mécanismes sexuels correspond à une interrogation intérieure qui a besoin de trouver rapidement des réponses !

Les changements psychologiques s'orienteront donc principalement autour d'une tentative de réponse à ce qu'il suppose de la demande extérieure. Cela se traduit par une fébrilité psychique, amenant à des moments d'impossibilité à penser, et aussi à une fragilité émotive accrue. Ainsi, soit le comportement psychologique se traduira par une sorte d'hystérie dans les propos et les actes, soit par un mutisme déconcertant.

Soit l'adolescent a l'impression de savoir trop de choses et ne réfléchit pas avant de donner son avis, souvent péremptoire ; soit il se terre dans une volonté de ne pas participer aux discussions. Ces comportements traduisent cet état « d'entre-deux » si caractéristique de cette période de l'existence.

Conclusion

- L'adolescence est un moment de bouleversements profonds qui auront un impact sur le reste de la vie.
- Les changements sont à la fois physiologiques et psychologiques.
- L'adolescence est un « entre-deux » avec l'enfance derrière soi et la vie adulte devant.
- L'adolescence est une crise identitaire modifiant la perception du corps, l'image de soi et le rapport aux autres.

Chapitre 2

L'identité adolescente

- Qu'impose la société à l'adolescent ?
- Qui doit-il être ?
- Comment peut-il répondre aux diktats sociaux sans perdre son identité ?

La construction identitaire

Le saviez-vous ?

L'adolescence est un « phénomène » typiquement occidental. Il est lié à notre manière de sectoriser la vie et de poser des obligations et des injonctions de comportements à chaque moment de la vie.

L'identité d'un individu se construit tout au long de sa vie. Dans notre société occidentale, nous avons pris l'habitude de parcelliser les moments de la vie et, de fait, nous avons plusieurs moments identitaires bien définis. Entre l'identité de l'enfant et celle de la personne âgée, il est évident qu'il y a des différences notoires.

Néanmoins, l'adolescence reste le moment où l'on prend conscience de cette notion et où l'on doit la construire au-delà du modèle parental. Nous avons parlé juste avant de la notion de « moi auxiliaire ». C'est justement au cœur de l'identité que ce « moi auxiliaire » est nécessaire. Il aide à la construction identitaire en offrant des modèles structurants sur lesquels l'adolescent peut s'appuyer, se construire et se sécuriser.

Au sein même de cette construction de l'identité, l'adolescent est pris entre deux feux : ce que veut pour lui son entourage (quel adolescent modèle il doit être) et ce qu'il cherche à élaborer et qui pourrait l'aider à construire sa particularité.

Examinons ces deux axes. Pour le premier, il est sûr que dans la plupart des situations, les adultes qui entourent et accompagnent un adolescent veulent « le meilleur pour lui », c'est-à-dire une vie heureuse, des études réussies et pas trop de « bêtises » accomplies au cours de cette période. En fait, les parents, dans toute leur bienveillance, cherchent aussi à offrir à leurs ados une meilleure adolescence que la leur. L'intention est louable, mais quoi qu'ils fassent, ils ne pourront jamais saisir exactement ce que vit leur adolescent à l'aune de ce qu'ils ont pu vivre eux-mêmes !

Au-delà du modèle parental

L'identité que les parents ont réussi à bâtir dans la traversée de leur propre adolescence a une utilité certes, il ne s'agit pas de le nier, mais celle-ci reste restreinte et l'adulte ne peut aider l'adolescent que s'il prend en compte la spécificité de ce qui est vécu et non la précision de ce qu'on voudrait qu'il vive ! C'est toute la difficulté du lien parents-adolescents.

Pour le second axe (concomitant du premier, bien sûr), c'est à l'adolescent de jouer !

Nous l'avons dit, il est pris dans un étau. Entre l'enfance qui s'éloigne et la vie adulte qui s'annonce, l'adolescent se doit de fabriquer une identité qui le construit et le définit. Mais même s'il a besoin du regard et du soutien de ses parents, une grande part du travail est à faire dans la solitude. On peut dire que la grande aventure de l'adolescence se situe là ! Et une adolescence réussie est une solitude conquise et intégrée à ce moment-là de la vie !

Au-delà de ces considérations, il n'en demeure pas moins qu'il y a un concret de la situation que l'adolescent doit vivre et c'est à cet « endroit » que la sexualité joue son rôle.

La sexualité participe donc de manière forte à la construction identitaire de l'adolescent. Mais qu'entend-on par là ? Et qu'est-ce réellement qu'une identité sexuelle ?

Entre 12 et 15 ans, pour les garçons comme pour les filles, il s'agit d'affirmer son appartenance sexuelle, c'est-à-dirc d'être profondément persuadé que l'on est effectivement un garçon ou une fille. Cette affirmation, qui peut paraître évidente pour l'adulte, ne l'est pas encore pour les ados. Ils cherchent ce que cela veut dire réellement dans leurs corps et leurs expériences. D'où les questions qui accompagnent cela : « Comment font les garçons ? Comment font les filles ? Et est-ce que je fais bien comme eux ? » À ces âges-là, l'individu

Zoom

Autant l'accompagnement parental peut se faire directement dans certaines activités (école, loisirs, construction sociale), autant la sexualité ne regarde que le sujet dans sa rencontre particulière et neuve avec lui-même et avec l'autre.

est « travaillé » par la question de la différence des sexes. C'est pour cette raison que l'expérimentation de l'homosexualité est si fréquente. On se cherche, on tâtonne, on expérimente... On ne peut se satisfaire des évidences alors que tout en soi est en révolution permanente.

Cela se caractérise par des comportements affirmés (positions ultramachistes ou ultraféminines) ou ambigus (jeux avec l'homosexualité, amitiés féminines équivoques). Dans tous les cas, ces comportements racontent une recherche identitaire.

Ainsi, l'adolescent navigue entre les injonctions parentales et le besoin de trouver par lui-même qui il est et ce qu'est la sexualité. Il se construit, parfois contre le monde adulte, mais avec lui-même. Tout cela au milieu d'un monde qu'il découvre et dans lequel il avance avec curiosité et frayeur à la fois.

L'affirmation identitaire

Lorsque l'identité adolescente commence à s'entrevoir, il est utile de l'affirmer face aux autres. Souvent, les adolescents ont alors besoin de « faire groupe » pour consolider ensemble une affirmation difficile à exprimer seuls. C'est l'ensemble des phénomènes groupaux dont on peut être témoin régulièrement. Les hardeurs, les gothiques, les skateurs..., autant de groupes qui donnent l'image d'une appartenance à un clan et qui rassurent. Ici, dans ces groupuscules, se construit une culture spécifique qui affirme une présence au monde que l'on ose montrer. Et le discours sur la sexualité n'en circulera que mieux. Ainsi, les questions trouvent des semblants de réponses solides car elles viennent de la tribu, et ce qui se dit dans le cercle a forcément valeur de vérité.

Présence au monde

C'est là encore une fonction structurante du « moi auxiliaire » dont nous parlions auparavant.

C'est aussi une fonction initiatique car dans chacun de ces groupes, il existe des épreuves plus ou moins symboliques donnant aux nouveaux entrants la certitude qu'il franchit une étape de plus vers la maturité et l'emprise sur le monde.

L'adolescent apprend à passer de l'étape « je suis l'objet de l'amour de mes parents » à celle de : « je suis le sujet de ma propre capacité à aimer ».

On peut comprendre à quel point ce moment est crucial pour la mise en place d'un rapport sain et franc à l'amour et au sexuel qui en découle.

La perspective de la sexualité crée une peur qui peut être qualifiée de saine car elle place la sexualité dans un enjeu réel. Néanmoins, pour annuler cette peur ou tout au moins l'atténuer, les adolescents peuvent « faire corps » et tenter en groupe de saisir ces enjeux. Cela va des discussions entre copains et copines au visionnage de films pornographiques. Mais cette peur peut aussi se traduire par le rejet de groupes non conformes au sien. Alors, on peut rejeter les homosexuels, les lesbiennes, les filles, les garçons, les gros, les maigres... tant nous savons que le rejet de l'autre ne marque que la peur de soi-même !

Dans tous les cas, l'affirmation identitaire passera par le groupe pour se confirmer dans le paysage individuel. Qu'il le veuille ou non, l'adolescent abordera seul sa sexualité tout en l'expérimentant avec un autre (c'est l'histoire de deux solitudes qui se rencontrent). C'est à la fois terrifiant et exaltant !

Conclusion

- L'adolescence est un moment de solitude. Cette solitude est constructive, elle permet l'édification de la personnalité.
- Néanmoins, les adolescents ont un intense « besoin d'appartenance ».
- La sexualité de l'adolescent est une construction individuelle.
- Elle passe par une interrogation constante sur la notion d'identité sexuelle.

Chapitre 3

Vers la découverte de l'amour

L'adolescence peut être considérée comme « le deuil de l'enfance ». Mais ce deuil est-il simple à vivre ? En outre, la période de l'adolescence est aussi celle de la découverte de l'amour possible hors du cercle familial. Quels changements ? Quels risques ? Quels bénéfices ?

La fin d'une époque

Se distancer pour mieux se rencontrer

Oui, l'adolescence est une période de deuil et comme pour un deuil véritable, il est possible de passer par plusieurs phases avant de trouver une certaine sérénité.

Ce deuil est celui de l'enfance et d'une certaine innocence. La découverte de l'existence d'un univers sexuel (et surtout la possibilité d'en être l'un des acteurs !) fait perdre cette innocence. Ce que l'enfant ressentait confusément de manière sensorielle, voici que l'adolescent le perçoit de façon sensuelle et directement génitale.

L'enfant est inscrit dans le cercle familial ; il en dépend à tous les niveaux. L'adolescent, quant à lui, commence à sortir, à s'évader, à prendre de la distance et c'est dans cette distance qu'il expérimente la rencontre avec l'autre. On dit « sortir avec quelqu'un » et l'expression à tout son sens quand on la traduit par « sortir avec quelqu'un hors du cercle familial » !

L'adolescent apprend donc à s'évader pour trouver des terres jusqu'alors inconnues de lui. Il est comme un Christophe Colomb de l'affectif qui cherche le paradis et ne le trouve pas toujours. Mais peu importe, il prend un risque, il ose.

Il apprend notamment à désirer et à aimer hors de sa famille. C'est une étape fondamentale de la construction psychique car en ayant un « petit copain » ou une « petite copine », il peut jouer sérieusement à l'adulte et commencer à comprendre ce qu'un couple veut dire. Il se détache ainsi définitivement des images parentales et de situations œdipiennes enfermantes. Fini le temps de « je n'aime que mon papa ou ma maman », vient le temps de « je suis amoureux ».

Et ainsi se profile la possibilité de la fameuse première fois et du rapport sexuel tant attendu, tant espéré et tant craint !

Toutes ces découvertes entraînent des changements de comportements qui sont considérables et surprennent parfois l'entourage. On pourrait penser que l'entrée dans l'amour est une bonne chose et devrait procurer des sensations immédiatement positives. Ce n'est pas toujours le cas car ce deuil de l'enfance, qui prend forme au travers de la possibilité de l'amour et de l'aventure sexuelle, crée des sentiments contradictoires.

Nous avons mentionné la peur, mais il y a aussi la colère, le dépit et la dissimulation.

La colère

La colère est une émotion dont la racine profonde est une autre émotion importante, la tristesse. C'est parce que l'on est triste, mais sans pouvoir ni nommer ni exprimer sa tristesse, que la colère surgit. Comme pour masquer une peine trop profonde et trop dérangeante.

À l'évidence, l'adolescent est triste de la perte de l'enfance. Ce royaume dans lequel il n'avait que très peu de responsabilités, il faut qu'il apprenne à le quitter pour entrer dans un monde où il se doit de participer aux décisions.

Face à ce qu'il considère comme une difficulté, il peut rechigner et s'installer dans des colères futiles qui sont la marque de sa profonde peine de ne plus être un enfant « irresponsable ».

Le dépit

Le dépit est une forme de chagrin mêlé d'un peu de colère. Les adolescents le ressentent lorsqu'ils sont face à des blessures amoureuses qu'ils ne savent pas gérer. Plutôt que de tirer les conséquences d'une situation, ils en viennent parfois à se sentir

Pour aller plus loin

Catherine Bensaid, *Aime-toi, la vie t'aimera,* Pocket, 1992 – Denise Stagnara, *L'amour, c'est génial mais...* 60 lettres d'adolescents sur le sexe et l'amour, Interéditions, 2005 dépités, voire blasés, en jurant que « plus jamais, on ne les y reprendra » ! Mais le monde de l'adolescence étant aussi un monde d'imaginaire et de rêves, ils peuvent sentir du dépit face à des situations qui ne sont pas encore arrivées !

Le dépit jouant ainsi comme une protection face à des peurs et des angoisses relationnelles.

La dissimulation

On a beaucoup parlé du silence adolescent et de cette faculté à ne pas parler qui agace souvent les parents. En règle générale, ce n'est pas que l'adolescent ne veut pas parler c'est qu'il ne sait pas comment dire ce qui l'habite ! Et plutôt qu'avouer un trouble ou une difficulté, il préfère dissimuler ceux-ci sous des apparences boudeuses ou lointaines, comme s'il n'était nullement atteint par les vicissitudes de la vie.

Témoignage

Nico, 18 ans

« Je me souviens de combien j'avais peur d'avoir une copine ! J'avais 14 ans et je me suis inventé une histoire et quand c'est devenu difficile de continuer à mentir, j'ai inventé une rupture ! J'ai pleuré comme un petit. Mais je n'étais pas triste de la rupture. J'étais triste d'être seul comme un chien et de ne pas pouvoir le dire ! »

Bien sûr, le parcours est sinueux. Néanmoins, il comporte des bénéfices évidents et forts. Car, lorsque l'adolescent réussit à trouver son chemin et à avancer vers une relation dont il maîtrise plus ou moins les tenants et les aboutissants, il en ressent une impression de liberté à nulle autre pareille !

Différences entre les garçons et les filles

Le saviez-vous ?

L'adolescence commence plus tôt pour les filles que pour les garçons. De fait, il en résulte des différences dans les attitudes et la manière d'analyser la vie et de concevoir l'entrée dans la vie sexuelle.

Pour des raisons principalement hormonales, l'adolescence commence plus tôt pour les jeunes filles. Les premières règles, les seins qui poussent, la pilosité pubienne qui se développe, la prise en compte soudaine du regard masculin sur leurs corps... tout cela sexualise dès le plus jeune âge un univers corporel qui n'est pas forcément préparé.

Bien entendu, les jeunes garçons éprouvent eux aussi ces modifications, mais ils ne sont pas soumis aux regards des autres de manière aussi directe.

Durant cette période délicate d'entrée dans l'adolescence, les jeunes filles peuvent se retourner vers leurs mères, tenter un dialogue pour comprendre ce qui se passe et obtenir des explications claires sur la gestion de la situation. Lorsqu'un tel échange s'instaure, c'est toujours un moment délicat dans la relation mère-fille. La mère joue le rôle d'une confidente, mais aussi d'un coach. Elle doit trouver les mots justes pour expliquer à sa fille ce qu'est l'amour, la sexualité et l'impact de « bien vivre » de ces deux notions dans la vie de toute femme. Il est essentiel que ses mots soient rassurants car c'est ce que la fille vient chercher auprès de sa mère. Elle ne s'attend pas à ce que sa mère s'épanche en lui racontant ses malheurs d'adolescente ou ses déboires conjugaux ; elle vient entendre un message qui la tranquillise et lui fait entendre que tout ira au mieux pour elle.

La mère, confidente et coach

Contrairement à ce que l'on pourrait penser, ce n'est pas un discours sur la sexualité que la jeune fille vient chercher, mais bien au-delà du besoin d'être rassurée, une compréhension des mystères de la relation amoureuse.

Les garçons, quant à eux, ont tendance à se regrouper et à parler ensemble de sexualité, quitte à le faire en regardant des images sexuelles. Néanmoins, ils peuvent venir auprès de leurs pères chercher une compréhension de ce que sont les femmes et, indirectement, la sexualité.

Il ne faut pas minimiser ce besoin de dialogue des ados auprès de leurs parents car c'est aussi une nécessité de transmettre sur la compréhension de ces aventures de vie que sont le sexe et l'amour.

Mais l'ado ira vers ses parents en fonction du dialogue déjà préétabli au sein de la famille. S'il n'y a pas d'habitude à l'échange et au partage, c'est auprès d'autres adultes (ou auprès d'adolescents ressentis comme plus matures ou plus aventureux) qu'il ira chercher les renseignements dont il a besoin.

D'une part, la possibilité d'un dialogue autour de la sexualité se prépare donc bien avant le moment où il est judicieux que cet échange ait lieu. Sinon, il risque d'être forcé et factice. D'autre part – et c'est une règle globale dans le rapport aux adolescents – le rôle des parents est de dire que le dialogue est possible. L'adolescent choisira son moment et son lieu. À l'adulte d'être disponible à ce moment-là !

Pour aller plus loin

Brigitte Gicquel-Kramer et Christine Dimajo-Donati, *Devenez un parent coach,* Guide pratique pour une relation réussie avec vos enfants, Éd. J. Lyon, 2010

Il est important de souligner que c'est de relation dont ils cherchent à parler. Les parents n'ont pas à se transformer en professeur d'anatomie (parfois, ils le font pour cacher leur embarras !) et à expliquer les choses d'un point de vue strictement génital.

Comment rencontrer l'autre ? Comment être bien dans cette rencontre ? Comment accepter d'être rencontré(e) ? C'est à ces questions-là qu'ils veulent des pistes et des réponses. Car ce sont ces sujets qui les travaillent. Beaucoup plus que de connaître toutes les positions du Kama Sutra !

D'ailleurs, il est clair qu'un adolescent ne supporte pas la narration de la sexualité parentale. Cela le dégoûte et l'effraie car il a surtout besoin de s'extraire des représentations fantasmatiques parentales pour se créer les siennes propres. Il est vrai que c'est aussi un apprentissage pour les parents, qui doivent faire l'effort d'admettre que celui ou celle qui était leur enfant il n'y a pas si longtemps est en train de devenir un jeune homme ou une jeune fille en proie aux doutes du désir.

Le parent doit donc être présent tout en étant éloigné, sous peine d'être vécu comme intrusif.

Il est là pour aider à la rencontre et à la découverte de l'amour et il doit aussi rappeler certaines règles fondamentales, comme celles liées à la contraception et au

Zoom

Il est remarquable de s'apercevoir combien le questionnement sur les jeux de l'amour se pose de manière cloisonnée. Les filles n'en parlent pas aux garçons... et inversement. Comme si l'objet même du questionnement devait être mis hors de la sphère du dialogue ! Mais cela existe depuis longtemps et cette timidité est plutôt bonne dans la mesure où elle permet d'installer un nécessaire mystère à partir duquel peut se construire le désir !

port du préservatif (nous y reviendrons au chapitre 6, « Sexualité et adolescence »), par exemple. Mais il ne peut aller plus loin sous peine d'outrepasser le rôle qui est le sien, même si la curiosité peut l'amener à vouloir en savoir plus !

Conclusion

- La découverte de l'amour pour un ado, c'est aussi la découverte de la possibilité d'aimer en dehors du cercle familial.
- L'adolescent qui découvre l'amour est traversé par des sentiments contradictoires, parfois violents.
- Le besoin de dialogue est intense. Les parents se doivent donc d'être disponibles et ouverts à la possibilité de ce dialogue.

Chapitre 4

L'adolescence aujourd'hui

En quoi l'adolescence d'aujourd'hui est-elle différente de celle d'hier? Le rapport direct aux images pornographiques, la position de « cible économique », l'incertitude face à l'avenir, la notion de couple un peu en difficulté (divorces, familles recomposées...), tout cela crée une manière d'être, de penser et d'agir particulière.

Une certaine adaptabilité

Au grand dam de nombreux parents, il est important de se faire à l'idée que l'adolescence d'aujourd'hui n'a rien à voir avec celle d'hier. Les temps changent, le rapport au monde aussi et les adolescents subissent ces changements comme tout le monde !

Il va de soi que les parents sont obligés de ne pas se servir de leur propre vécu adolescent pour comprendre celui de leurs enfants. Il y a une telle accélération des moyens de communication à l'heure actuelle que pour comprendre ce qui se joue, une dose certaine d'adaptabilité est nécessaire. Bien sûr, certains axes restent intemporels, notamment le rapport à l'amour que nous avons brièvement abordé au chapitre précédent. Mais penser l'adolescence d'aujourd'hui, c'est l'inscrire dans son temps et dans ses particularités propres.

Internet et la pornographie

Témoignage

Laura, 16 ans

« Avec des copines, on est allées voir des images pornos. Je me souviens, j'avais 11 ans... On n'a pas tout compris ! On s'est dit que les adultes étaient tous dégueulasses pour faire des choses pareilles ! Et j'ai eu peur qu'on me fasse la même chose ! Bon, j'ai changé depuis, mais ce fut un vrai choc ! Le problème, c'est qu'on avait tout le temps envie de regarder avec les copines et ça nous foutait le bourdon, mais on regardait quand même ! »

Nous abordons ici l'un des sujets les plus sensibles dans le rapport des adolescents à la sexualité. Il faut bien voir que la curiosité liée à la sexualité n'a pas changé. À 12 ou 13 ans, on a le même désir de savoir si les représentations mentales internes correspondent à la réalité. Et ce besoin est intemporel. Autrefois, c'était un livre trouvé dans la chambre des parents qui venait émoustiller les sens, ou un vieux *Playboy* découvert au fond d'un placard. Cela avait quasiment toujours lieu « par hasard » ! L'une des nouveautés est que les « jeunes » savent parfaitement où trouver les images pornographiques : sur internet ! L'accès est simple et en quelques clics, on peut se retrouver face à une représentation très crue des aspects les plus directs de la sexualité humaine.

Il est bon de resituer les risques de l'exposition du jeune adolescent à ces images. Nous ferons ici six remarques majeures quant au lien entre la pornographie et l'émergence de la sexualité chez un adolescent :

4

1 • Ces images rencontrent un psychisme individuel. Elles n'ont donc pas toutes le même effet sur tout un chacun. Si l'adolescent est fragile psychologiquement, elles seront plus perturbantes. D'autant plus que la sexualité adolescente y est souvent en confrontation avec la sexualité adulte (cf. chat roulette ou les dialogues dans les skyblogs).

2 • L'adolescent établira un « dialogue » entre ces images et lui. Soit il s'en servira comme support excitatoire, soit comme moyen de comprendre ce qu'est la sexualité. S'il est dans un univers familial où l'on parle peu, le dialogue entre lui et les images sera exclusif et il risque de n'envisager la sexualité qu'au travers de celles-ci !

3 • Le rapport à l'écran est de plus en plus banalisé. L'adolescent (comme l'adulte aussi, d'ailleurs !) est continuellement face à des écrans de tailles différentes : la TV, l'ordinateur, le téléphone, les jeux vidéo...

Cette banale omniprésence des écrans entraîne également une banalisation des images que l'on y trouve. Ainsi, l'adolescent aura du mal à faire la différence entre la violence des sensations ressenties en jouant à *Call of Duty* et celles éprouvées en voyant un spot pornographique sur internet.

Tout se raconte sur le même rythme: rapidité, efficacité, absence de sentiments, perversité, rire sardonique, terreur... Bien entendu, le plaisir est là, mais il est toujours teinté d'une touche de violence.

L'adolescent vivra donc la représentation de la sexualité comme une scène de guerre où l'ennemie est bien souvent la femme et où les notions de conquête et de victoire sont supérieures à celles de rencontre, de sentiments et d'amour. La sexualité devient l'équivalent d'un jeu vidéo avec sa dimension nécessairement spectaculaire. Et la jouissance n'est exposée que du point de vue de la décharge convulsive.

Ceci étant, il est bon de ne pas diaboliser outrageusement le rôle des écrans dans la construction sexuelle adolescente. Là encore, tout dépendra du bon équilibre psychologique de celui ou celle qui est témoin de ces images et de sa capacité à faire la différence entre un univers uniquement virtuel et la réalité.

4 • Les films pornographiques laissent entendre que tout est possible et faisable, qu'il n'y a aucune notion de limites et de morale. Sous couvert d'une soi-disant liberté, on fait voler en éclats les notions d'interdits et de pudeur. De fait, l'adolescent peut rester sidéré devant une telle proposition si peu conforme à ce qu'il ressent. Il est perclus de doutes et de difficultés et le voici aux prises avec un univers où tout semble illimité, tant dans les comportements que dans l'expression du plaisir. Ce leurre est dangereux car il peut soit l'inhiber encore plus, soit l'installer dans une illusion de toute puissance où l'autre, finalement, n'est présent qu'en tant qu'objet de ses fantasmes et non sujet de son propre désir.

5 • La cinquième remarque – et non la moindre – est que la pornographie propose un modèle relationnel particulier. Et c'est à mon avis son aspect le plus critiquable. Prenons une scène classique du cinéma pornographique : une jeune femme est chez elle en train de lire une revue. Elle attend le livreur de pizzas. On sonne à sa porte. C'est le livreur en question... tout le monde sait, dans un scénario pornographique, que ces deux personnes vont faire l'amour dans les minutes qui suivent le coup de sonnette ! Cela implique que lorsqu'une femme et un homme sont ensemble dans le même espace (et peu importe s'ils se connaissent ou non !), ils ont obligatoirement envie l'un de l'autre. La possibilité de dire non est nulle et la femme est l'objet dédié uniquement au plaisir masculin. Elle est prenable et jetable à loisir !

Il y a donc une relation pornographique dont les règles peuvent être prises comme un modèle pour un adolescent qui se pose des questions sur la relation amoureuse et sexuelle. Le danger est là, et il est plus pernicieux pour les jeunes filles. Car la pornographie est loin d'être un haut lieu du féminisme et du rapport équitable entre l'expression du désir masculin et celle du désir féminin.

Les adultes peuvent facilement faire la part des choses entre la réalité de leur sexualité et la pornographie visuelle. L'adolescent n'ayant que très peu de vécu sexuel, il ne peut pas intégrer ce qu'il voit et faire une juste différence.

Zoom

L'image pornographique vue par un adolescent est choquante car elle est empreinte d'une violence relationnelle à laquelle l'adolescent n'est pas préparé.

6 • En dernier, n'oublions pas le flot émotionnel engendré par les images pornographiques. Les jeunes sont choqués,

mais aussi fascinés, complexés (les garçons n'ont pas un sexe aussi gros qu'à l'écran et les filles ne sont pas aussi délurées...), dégoûtés, excités... Toutes ces confusions sentimentales ne rendent pas les choses faciles et la sexualité devient un univers inaccessible et/ou bestial.

Cela peut profondément inhiber les uns ou décomplexer les autres sans pour autant aider à résoudre l'équation de la rencontre constructive avec l'autre.

Pour aller plus loin

Livres sur les écrans
Serge Tisseron, *Virtuel, mon amour, Penser, aimer, souffrir à l'ère des nouvelles technologies,* Éd. Albin Michel, 2008; Serge Tisseron et Bernard Stiegler, *Faut-il interdire les écrans aux enfants ?,* Éd. Mordicus, 2009.

Que doivent faire les parents ?

En premier lieu, il est bon d'exprimer son désaccord à la vision de ces images. D'autre part, de rappeler qu'il ne s'agit pas de la réalité, mais de films avec des acteurs, un montage, une construction artificielle. De rappeler que dans « la vraie vie », chacun est différent, que les filles peuvent crier de plaisir ou être silencieuses, les garçons avoir des sexes de tailles différents, les filles de petits et de gros seins... bref, d'affirmer la diversité du réel qui est plus agréable et plus riche que l'uniformisation pornographique.

Et puis, il est bon aussi que les adultes parlent entre eux de leur propre relation aux images pornographiques afin de faire coïncider le discours tenu aux adolescents et leurs ressentis profonds et véritables. Car comment interdire un film pornographique à son fils si on n'arrête pas d'en regarder soi-même ?

C'est l'une des grandes difficultés du rapport des parents à l'éveil de la sexualité de leurs ados. Cela ne les renvoie pas à leurs sexualités adolescentes, mais bien à leur sexualité du présent ! Et c'est, parfois inconfortable de regarder en face où on en est vraiment...

L'adolescence face aux mouvements sociétaux

Notre système économique a besoin de trouver des « niches » pour se développer. Les adolescents sont une cible idéale dans la mesure où ils sont très sensibles aux changements et aux nouvelles technologies.

Les téléphones portables, les jeux vidéo, mais aussi les habitudes vestimentaires sont des axes privilégiés pour les atteindre et les inciter à une surconsommation de produits.

De fait, les adolescents qui ont naturellement besoin d'entretenir un sentiment d'appartenance s'accrochent à ces produits pour confirmer qu'ils font bien partie d'une communauté spécifique.

Bon à savoir

Le besoin d'appartenance à un groupe est une caractéristique intemporelle de l'adolescence, même s'il s'exprime aujourd'hui au travers de marques et de produits ciblés. Mais ces demandes ne justifient en rien une allégeance absolue des parents. Rappeler aux ados que les possibilités financières de la famille ont des limites ou que l'obtention d'un produit peut être différée dans le temps est nécessaire. Il ne s'agit pas de leur opposer un non systématique, mais de poser les bases d'un principe de réalité économique qui a ses lois.

La marque devient le lien avec le groupe auquel on est lié. Elle constitue une identité qui rassure et permet d'affirmer sa construction narcissique au travers de la possession d'un téléphone, d'une console, d'un vêtement, d'une paire de lunettes... Peu importe, ce qui compte, c'est de montrer que l'on répond présent à l'injonction économique... comme les autres !

En revanche, c'est le rythme effréné auquel tout cela se produit qui est particulier ! Dès qu'un objet est obtenu il est déjà sur le déclin ! Les adolescents se trouvent donc confrontés à un monde en changement perpétuel dans lequel ils ont beaucoup de mal à installer une stabilité émotionnelle et structurelle.

Ce mouvement, qui peut être très déstabilisateur, est aussi accompagné d'une impermanence des relations familiales. Même s'il ne le vit pas dans sa propre famille, un adolescent de 14 ans sait parfaitement que les parents peuvent divorcer, les familles se recomposer et que l'amour est donc difficile à installer de manière pérenne lorsque l'on vit en couple.

Se poser et réfléchir

La position adolescente est par elle-même une « position d'incertitude ». L'adolescent sait d'où il vient et ce qu'il perd, mais il reçoit confusément l'information de là où il va et de ce qu'il peut gagner.

Il regarde les adultes qui n'ont pas l'air de tous baigner dans le bonheur, il perçoit le monde comme un désastre et en crise et il doit se prononcer sur des options d'avenir qui lui paraissent opaques. À l'intérieur de lui-même, il aurait besoin de se poser et de réfléchir, mais le monde lui envoie le message d'une urgence à agir. C'est pour cette raison que beaucoup d'adolescents passent souvent des soirées ensemble à ne rien faire, à glander, à rêvasser, comme pour opposer à la folie extérieure une attitude interne désinvolte et irréfléchie.

4

Conclusion

- L'adolescent est en recherche d'images lui montrant ce qu'est une relation sexuelle. Elles se trouvent majoritairement sur internet. Ce sont des images pornographiques avilissant à la fois la femme et plaçant la sexualité uniquement dans une fonction génitale.
- L'adolescent est une « cible économique ». Il est continuellement soumis à des pressions consuméristes vis-à-vis desquelles il a du mal à prendre un nécessaire recul.

Chapitre 5

Adolescence et amour

Les adolescents n'ont pas tous la même vision de l'amour. Ils cherchent, ils tâtonnent, ils inventent aussi leurs manières d'aimer… Ils construisent leur propre culture de l'amour au travers de films ou de séries TV… Mais, parfois aussi, sans forcément s'en rendre compte, ils rejoignent des visions de l'amour vieilles de plusieurs siècles !

L'image de l'amour

Comment un adolescent peut-il imaginer l'amour ? Son ressenti est soit fugace, soit désordonné, et la demande d'amour est néanmoins présente au fond de lui. Comme tout être humain, il a un besoin fondamental d'éprouver des sentiments forts. Déjà au cours de ses années d'école primaire, il a éprouvé les affres et les joies d'un sentiment amoureux qui lui a tenaillé le ventre.

Il pressent donc ce que la rencontre avec une autre personne peut amener comme désordre émotionnel ; c'est à la fois magnifique et redoutable.

Mais l'adolescent a aussi devant lui le modèle relationnel parental. La manière dont ses parents sont ensemble, se touchent, se parlent, rient ensemble, affichent leur amour... aura une incidence indéniable sur la création de son « modèle amoureux ». Soit il voudra un couple comme son père et sa mère, soit il cherchera à aller à l'opposé, n'ayant pas apprécié la représentation de l'amour offert par ses géniteurs.

Dans tous les cas, il cherchera à rencontrer le sentiment d'amour car il sait combien celui-ci est primordial pour son équilibre affectif et son entrée dans le monde des adultes.

Les ados savent aussi que l'amour a une dimension surprenante. Ils écoutent les histoires des adultes et enregistrent le fait qu'à notre époque, l'amour est là où on l'attend le moins ! Ils savent que dès lors, la vie est plus grande et qu'elle prend des saveurs et des couleurs stupéfiantes.

Hormis les représentations de la sexualité glanées par ci par là sur internet, ils sont à la recherche d'images-types qui pourront les aider à trouver à la fois une ressemblance avec leurs émois et un mode d'emploi solide et sûr.

À ce titre, les films pour adolescents sont des mines dans lesquels ils puisent avec gourmandise. Ceci étant, il est à noter que ce sont plutôt les jeunes filles qui se dirigent vers l'univers cinématographique pour y rencontrer des réponses à leurs délicates questions.

Le saviez-vous ?

Les questions que se posent les ados : Qu'est-ce que le « Grand Amour » ? Doit-on attendre d'être amoureux pour coucher ensemble ? Vais-je réussir ma « première fois » ? C'est quoi l'amour impossible ? Et le coup de foudre, c'est quoi au juste ?

En tant que psychothérapeute, j'ai reçu beaucoup de jeunes adolescentes qui ne venaient pas obligatoirement pour chercher des réponses aux grandes questions que pose l'amour, mais dont les propos tournaient souvent autour de ces points.

Elles ont besoin de se jeter corps et âme dans une belle histoire et, au-delà de la crainte que cela suscite, elles veulent aussi apparaître comme plus mûres que leur âge. Combien en ai-je entendu me dire : « J'ai fait croire à mes copines que j'avais couché avec un garçon, mais ce n'est pas vrai. J'ai trop peur et puis j'attends de rencontrer le bon ! »

Les filles sont plus enclines à aborder la question de l'amour, mais il ne faut pas croire que ce sujet ne taraude pas les garçons. C'est juste qu'ils ne l'abordent pas aussi directement. Au-delà des propos un peu systématiques du genre : « L'amour, c'est bon pour les filles ! », ils en viennent assez vite à avouer leur envie de relation forte et empreinte de sentiments.

Les ados ont besoin de se construire une « culture de l'amour » et il est important de remarquer que cette construction ne se fait pas de la même manière à 13 ou à 17 ans. En quatre ou cinq ans, l'adolescent passera par des étapes capitales et très différentes. En six mois, les choses peuvent changer et l'attente devenir autre. On peut ne pas vouloir aimer en septembre et ne désirer que cela en mars ! L'amour est en construction permanente pour les ados. Ils posent pierre après pierre les bases d'un édifice fondamental pour leur vie relationnelle future. Parfois, cet édifice tient bon et parfois, il s'écroule quelque peu au détour d'une déception, d'une rupture ou d'un malentendu.

On pourrait penser que je donne une vision un peu candide de la relation à l'amour des adolescents d'aujourd'hui. En fait, je me base sur ce que j'entends dire les ados dans mon cabinet et dans les groupes de paroles que j'encadre dans les établissements scolaires. Toutefois, il me paraît nécessaire de se méfier d'une vision par trop caricaturale qui ferait de l'adolescent actuel un individu soumis aux seuls diktats d'internet et de la pornographie.

Zoom

Je peux donc affirmer que la préoccupation majeure des adolescents dans leur entrée en sexualité est la recherche de situations amoureuses suffisamment troublantes pour les amener à ressentir des émotions neuves et bouleversantes.

Il y a une scène qui me paraît significative de cette préoccupation. Dans *Twilight 2, Tentation,* de Chris Weitz (2009), les deux protagonistes principaux Edward et Isabella se retrouvent sur le point d'avoir une relation sexuelle. Il est à remarquer que c'est Isabella qui est la plus désirante ! Ils s'aiment, cela a été dit et avoué et l'urgence du rapprochement intime est là ! Mais si Edward, qui est un vampire, répond à son désir, il déclenche aussi en lui des forces qu'il ne pourra maîtriser et qui risquent de l'amener à planter ses crocs dans la jugulaire d'Isabella, la transformant ainsi en vampire elle-même !

Ils se refusent donc à faire l'amour ensemble et apprennent à sublimer leur désir. Je pense que beaucoup d'adolescents aspirent à ce rapport à l'amour.

Roméo et Juliette

Une relation intense, fusionnelle et hors du temps qui, même empreinte d'un désir fou, ne bascule pas d'emblée dans l'échange sexuel fait peur et attire en même temps.

Devenir vampire (et Edward est un vampire particulier, car végétarien !), c'est répondre à ses instincts ; c'est laisser surgir l'animal qui est en soi. Résister au désir et vivre avec l'autre dans l'Idéal est comme saisir l'amour dans sa plus parfaite pureté.

Edward et Isabella sont les représentations modernes de Roméo et Juliette, grandes figures adolescentes percluses d'amour et de désir de la littérature.

Le premier amour

L'adolescence est le moment des premières fois. Il en résulte un caractère quasi initiatique à ce moment de l'existence et il est évident que le premier amour est une étape particulièrement importante.

En fait, dès l'enfance, les petits garçons et les petites filles mettent en place une préfiguration du premier amour. Ils cherchent à constituer des alliances deux par deux et jouent à l'amour avec une innocence très touchante. C'est le petit copain ou la petite copine que l'on aime retrouver dans la cour de récréation et avec qui on s'unit contre les difficultés extérieures. Cette alliance est constructive car elle donne le goût d'une niche relationnelle particulière où l'intime peut se partager « envers et contre tous ». Bien sûr, cette intimité est relative à l'âge car on ne peut ni parler d'amour au sens plein du terme et encore moins de sexualité lorsqu'il s'agit d'enfants de 4 ou 5 ans ! Néanmoins, ces moments de connivence entre enfants sont précieux car ils permettent de poser face aux parents la possibilité d'une construction affective hors du cercle familial. Et dire « j'ai un amoureux » ou « j'ai une amoureuse » à 5 ans est une manière directe d'indiquer aux parents qu'on est sorti de la période œdipienne et capable de construire une autonomie dans le comportement et l'affirmation de soi. En son temps

Bon à savoir

Le premier amour est l'édifice, le socle à partir duquel la notion de l'amour trouvera sa force. Réussie ou non, une première histoire d'amour emmène à des découvertes et des prises de conscience. C'est un moment précieux de la construction amoureuse et, surtout, de la découverte du « sentiment amoureux », de ses délices et de ses difficultés…

(1952), le film *Jeux interdits,* de René Clément, avait raconté le lien d'amitié amoureuse entre un petit garçon (Georges Poujouly) et une petite fille (Brigitte Fossey) face à la dureté du monde des adultes.

Lorsqu'arrivent les premiers temps de l'adolescence, le regard porté sur les personnes de l'autre sexe devient plus empreint de sensualité et de mystère. On sent que l'on est porté par une force en soi qui est toute différente de celle d'autrefois.

Il est également particulier de s'apercevoir à quel point l'amour est un « sentiment démocratique » ! Tout le monde veut le ressentir. On en parle autour de soi et on ne rencontre que désirs d'amour. Les copines ou les copains sont tenaillés par les mêmes interrogations et chacun se demande comment se passera sa première fois.

Le regard actuel des adultes sur les ados a parfois tendance à caricaturer ou dévoyer ce qu'ils ressentent réellement. Il ne faut pas croire qu'ils sont constamment au sein d'un déferlement pornographique et qu'ils seraient toujours en train de chercher à réaliser les pires choses sexuelles.

Il est bon ici de réaffirmer la part naturelle du romantisme dans cette attente du premier amour. Il y a même comme

une innocence particulière malgré ce que l'ado moderne peut savoir de la sexualité. Les émois restent secrets et profonds et le désir d'amour prépondérant. D'ailleurs, l'avancée vers le premier amour se fait par étapes. Le regard, la connivence partagée, le premier baiser, les premières mains qui se touchent et les doigts qui s'entrelacent... tous ces petits gestes sont encore de nos jours empreints de fébrilité et de peur et donc la caractéristique d'un besoin de découverte de l'autre ainsi que de ce sentiment si puissant qu'est l'énamourement, pour reprendre le terme de Francesco Albéroni dans *Le choc amoureux,* Éditions Pocket, Paris 1993.

Le premier amour ne peut se rencontrer sans vaincre une timidité naturelle propre à tous les adolescents. Il est parfois étonnant d'entendre des jeunes personnes de 16 ans parler de sexe avec un aplomb déconcertant et se liquéfier dès qu'ils abordent le sujet de l'amour. Je suis témoin de ce mécanisme depuis que je consulte et il reste encore d'actualité au XXIe siècle !

Il y a donc une hiérarchie dans la construction psychologique des adolescents et il me paraît judicieux de dire que le premier amour est plus important que la première relation sexuelle. On verra plus avant que les deux peuvent être liés, mais que c'est l'intérêt pour l'amour qui prévaut et qui motive les comportements.

L'adolescent est un amoureux en puissance et il a peur de cette puissance en lui car elle l'éloignera définitivement du berceau familial. Il le sait, il le redoute et il en a farouchement besoin pour évoluer !

Un amoureux en puissance

Mais l'adolescent (et surtout l'adolescente !) est pris dans une intense contradiction. Il veut à la fois vivre la totalité et l'intensité de l'amour, comme s'il n'y avait qu'un amour dans une vie (le premier et le dernier confondus !) et il sait que ce n'est pas vrai et qu'il devra, comme le lui disent les adultes, passer par des ruptures, des désillusions, des affres qui lui font peur et le bloquent.

Ballotté entre désir d'absolu et relativisation du phénomène, il ne sait pas vraiment comment se comporter. Car il est, même encore de nos jours, engoncé dans de vieilles images tenaces, bien installées dans l'Inconscient Collectif, et qui à la fois l'aident et le glacent : les mythes du Prince Charmant et de la Princesse Inaccessible.

Bon à savoir

Il est encore présent, ce fameux Prince Charmant ! Bien sûr il a d'autres atours que celui d'autrefois, mais il suscite les mêmes attentes et dit parfois les mêmes mots. Et peut-être est-il bon de se demander s'il n'apporte pas finalement à l'adolescence une fonction structurante !

Le Prince Charmant

L'adolescence est une période d'absolu. Quitte à vivre les choses, autant les appréhender dans ce qu'elles ont de plus grand et de plus intense.

Dès l'âge de 12 ans, les adolescentes commencent à rêver à ce grand amour qui bouleversera leur vie. Elles en parlent entre elles, observent les adultes du coin de l'œil, projettent sur les personnages de films et de séries TV (*Grey's anatomy*, même s'il met en scène des amours adultes, est un bon « laboratoire » pour les adolescentes) la modélisation d'un scénario qu'elles s'attendent à vivre. Elles observent comment les héroïnes se démêlent avec l'amour et se préparent à fonctionner de même. Et comme le « happy end » reste de mise, elles sont confortées dans l'idée que le Grand Amour est possible et qu'Il triomphe toujours des aléas de la vie.

Dans ces films, le héros masculin prend fréquemment les allures d'un Prince Charmant moderne. Le scénario est souvent le même : attirance/impossibilité de la rencontre/crise/résolution… et finalement, l'amour triomphe !

À ce titre, il est intéressant de se pencher sur l'archétype du Prince Charmant. S'il est encore d'actualité, plutôt que de fustiger sa présence, interrogeons-nous sur le rôle qu'il joue. Dans tous les cas, il a une fonction de sauveur. Il est celui qui vient délivrer une jeune fille le plus souvent frêle et perdue et lui apporter la vérité de l'amour.

De qui vient-il la sauver ? Soit d'un père tyrannique et peu aimant, soit d'une mère abusive et jalouse, soit encore d'un monstre qui n'est qu'une représentation symbolique de la sexualité enfouie et envahissante de la demoiselle en question ! Dans *Fleur d'épine* des frères Grimm, version non expurgée de *La Belle au bois dormant*, nous sommes face à la représentation hautement symbolique de l'envie d'amour des adolescentes.

Lorsque Fleur d'épine se retrouve endormie dans son cercueil, de multiples chevaliers viennent pour tenter de la secourir en la réveillant par un baiser. Ils meurent les uns après les autres dans un parterre touffu de ronces qui entourent le château et préservent le sommeil (celui de sa sexualité et de son désir) de la Belle. Celui qui arrive à franchir le seuil menaçant et à délivrer Fleur d'épine est celui qui a montré le plus de vaillance et de patience. C'est aussi celui qui a su attendre avant de mettre en place la périlleuse entreprise d'arriver jusqu'à elle !

Le Prince Charmant sait respecter les atermoiements de la princesse. Il comprend, il devine. Il n'est pas que désirs et flammes. Il est aussi douceur, compréhension et tendresse.

En fait, le Prince Charmant est le jeune homme avec lequel il est idéal de vivre sa première relation sexuelle. Il possède tous les atouts pour faire en sorte que ce moment soit une réussite et un bonheur absolu. Telle est sa fonction : faire de la jeune fille une princesse, c'est-à-dire une future reine lorsque le moment de la sexualité réclamera ses droits !

L'adolescente n'a qu'une envie : se jeter à corps perdu dans une histoire d'amour. Pour cela, il faut trouver LA personne avec qui ce vécu est possible. Le mythe du Prince Charmant est finalement plutôt sécurisant, car il permet d'éliminer ceux qui ne correspondent pas à cet idéal de douceur et de prévenance dont il est l'incarnation. Bien sûr, au fond d'elles-mêmes, les jeunes filles d'aujourd'hui savent qu'il n'existe pas tout à fait, mais qu'il pourrait exister... et cette simple éventualité suffit à maintenir le fantasme et l'espoir d'un amour hors du temps et du quotidien.

Pour aller plus loin

Bruno Bettelheim, *Psychanalyse des contes de fées,* Éd. Pluriel, 1976 – Marie-Louise Von Franz, *La femme dans les contes de fées,* Éd. Albin Michel, 1993.

C'est ce besoin d'une sensation d'éternité qui maintient le désir à son plus haut degré d'incandescence. Avec l'espoir d'un amour aussi fort, l'adolescente se construit un univers rassurant et stimulant lui laissant entendre que sortir de l'enfance est difficile, mais si c'est pour entrer dans l'éternité de l'amour, il vaut peut-être la peine d'essayer de grandir !

Témoignage

Sophie, 22 ans

« Bon, ça remonte à loin... mais quand même ! Je me souviens de Kevin, la première fois où je l'ai vu au collège. Je me suis dit : « C'est l'homme de ma vie ! » Je voulais qu'il me prenne dans ses bras. On en parlait tout le temps avec les copines. Je rêvais de lui, j'imaginais des scénars invraisemblables ! Il m'a occupée la tête pendant toute la 6e et toute la 5e. J'étais hystérique quand il me regardait et d'une tristesse sans nom quand il parlait avec une autre... Je l'ai revu la semaine dernière et j'ai beaucoup ri en moi. Car je me suis souvenu de ces moments complètement ridicules et si beaux aussi ! J'ai oublié de dire que je n'ai jamais adressé la parole à ce garçon ! Il était – et il l'est encore – pur fantasme ! »

La Princesse Inaccessible

C'est la même chose que précédemment... en version masculine ! Avec l'idée d'une Princesse inaccessible, nous faisons un grand bond en arrière, plus particulièrement au XIe siècle, à l'époque de l'amour courtois. Ne croyez pas que cette époque est si lointaine que ses options amoureuses n'ont plus cours aujourd'hui !

L'amour courtois contient une vision du rapport homme/femme qui est inscrite de manière indélébile dans notre inconscient collectif occidental. De quoi s'agit-il ? D'un preux chevalier qui est amoureux d'une belle princesse inaccessible parce que souvent déjà mariée à un seigneur tout puissant, ou pire encore au roi (c'est l'histoire de Lancelot et Guenièvre).

Pour conquérir sa belle, le chevalier (ou le troubadour, mais c'est tout comme !) lui écrira de beaux poèmes, accomplira des exploits toujours en son nom et pour elle, pour lui montrer combien l'amour qu'il lui porte l'aide à accomplir, à écrire, à penser mieux que ne peut le faire le commun des mortels. Bien sûr, la psychanalyse verrait dans cette situation une redite de l'Œdipe avec le petit garçon dont l'amour est « barré » par la présence du père.

Le jeune adolescent rejoue l'expérience de la distance sans laquelle il ne peut pas comprendre la force et l'évidence de son désir. Ainsi, en déclarant sa flamme (par des petits mots doux, des gestes, des suggestions...), il est comme le preux chevalier qui, au lieu de faire un tournoi bardé d'une lourde armure, essaiera de marquer le but le plus extraordinaire qui soit sous les yeux d'une jeune fille de 14 ans, qui applaudira d'un air détaché tout en riant avec ses copines sur le bord du terrain de football !

Les temps changent, le monde évolue, mais au niveau de cette cohorte de sentiments forts, obscurs et contradictoires se raconte la même chose : le besoin de plaire à l'autre et de lui prouver sa dévotion amoureuse. Finalement, le seul changement réellement notoire est que les questions sur l'amour (et le sexe) se posent plus tôt qu'autrefois. Ce qui se demandait au lycée il y a vingt ans se pose désormais en classe de quatrième.

Je me souviens de ce jeune patient de 15 ans, Guillaume qui venait me voir pour de mauvais résultats au collège. « Comment puis-je me concentrer, je n'ai que Mélanie dans la tête ! », disait-il. Et à la question : « Et que pense Mélanie de tout cela ? », il me répond : « Elle ne sait pas que je l'aime et elle ne le saura jamais. C'est dur, mais c'est cool car je sais ce qu'est l'amour maintenant ! Et mes parents peuvent dire ce qu'ils veulent, c'est elle la femme de ma vie ! Je le sais ! » Guillaume portait en lui comme une fierté immense en disant cela. Lui seul contre le monde et contre ses parents, ce qui revient au même. Lui installé dans son désir et pouvant le mesurer avec délice sans prendre le risque d'un échec, juste plongé dans ses fantasmes et ses projections amoureuses...

Besoin de tendresse et de sécurité

Il est savoureux de rajouter que Guillaume, comme tous ses copains, allait régulièrement sur le site porno YouPorn pour y voir « des scènes de boules », comme il dit, et rencontrer les images d'une sexualité directe et crue ! Néanmoins, cela ne l'empêchait pas de rêver de Mélanie comme n'importe lequel des troubadours l'aurait fait il y a plusieurs siècles !

Il faut bien comprendre que le besoin de tendresse et de sécurité qui amène à adhérer aux archétypes Prince Charmant/ Princesse inaccessible (ou d'autres noms, peu importe) est inhérent à l'adolescence. Et que même si les ados utilisent des mots qui choquent parfois les adultes, ils n'en demeurent pas moins travaillés par le besoin d'une relation stable et belle.

Les chagrins d'amour

Il est difficile d'être un adolescent et de ne pas rencontrer, lors de ses premiers émois sentimentaux, la difficulté de l'amour, la peine, le chagrin... Comment dépasser cette épreuve ? Comment la rendre stimulante et en apprendre quelque chose ? Quels rôles les parents peuvent-ils jouer dans cet accompagnement ?

Admettons que la rencontre amoureuse ait lieu, qu'en attend un adolescent ? Comme déjà évoqué, il espère vivre un espace relationnel de sécurité et, surtout, il veut en faire un « laboratoire » de compréhension de ce qu'est l'amour en lui-même. Car n'oublions pas que depuis des millénaires, nous cherchons à savoir ce qu'est réellement l'amour et à quoi il sert dans nos vies ! L'adolescent est sûr qu'il trouvera la réponse dans cette première fois tout auréolée de nouveauté et d'extase sentimentale.

Cette position extrêmement fière et affirmée donne aux adolescents l'impression d'être des pionniers de l'amour qui montreront au monde ce dont il s'agit vraiment. Ils ont dans l'idée que l'amour peut tout changer, tout bouleverser et résoudre les conflits pour peu qu'on y adhère avec foi et force. C'est toute la beauté du combat que mènent les jeunes héros de Twilight.

Hélas, il y a comme un revers de la médaille ! Car expérimenter l'amour, c'est en découvrir toutes les facettes, des plus agréables aux plus difficiles. C'est aussi comprendre combien les besoins et les envies diffèrent que l'on soit un garçon ou une fille.

Zoom

Même si le dialogue est possible entre les parents et l'adolescent en larmes et en chagrin d'amour, il est important que l'adulte comprenne qu'une blessure est ouverte et que face à celle-ci, il est bon de rester disponible d'esprit, de ne pas juger, d'avoir une capacité d'écoute accrue et de ne pas se dire que c'est son enfant qui est en larmes dans ses bras, mais bien un être humain dont la souffrance doit être comprise à part entière !

Le chagrin amène à éprouver une autre face de l'amour, qui est la haine (rappelons ici que le contraire de l'amour est le désamour ou l'indifférence). Et lorsque l'édifice s'écroule, c'est toute la vie qui perd son sens. Les adolescents en proie à ce chagrin en viennent souvent à remettre en cause leur existence car la blessure est si forte, la désillusion si profonde que plus rien n'a assez de pouvoir d'attraction pour les ramener à une nécessaire pulsion de vie… sauf la famille !

Eh oui, dans ces moments-là, le retour se fait vers les valeurs sûres : un père et une mère prêts à accueillir le chagrin et la peine avec bienveillance.

En revanche, il peut être rédhibitoire et douloureux de trouver « porte fermée » et incompréhension, soit parce que les parents sont eux-mêmes en crise de couple, soit parce que le dialogue n'a jamais été possible, ou encore parce que le discours parental banalisera la peine ressentie : « Tu vois, je te l'avais dit ! » – « C'est pas grave ! Un de perdu, dix de retrouvés ! » – « Les garçons sont tous les mêmes ! »

Dans ce retour auprès des parents, les adolescents cherchent un ressourcement avant de repartir vers d'autres contrées amoureuses, mais ils ont besoin que l'on accepte ce qu'ils ressentent pour ce que c'est réellement : un monde qui s'écroule et un idéal qui se meurt. Encore un deuil à faire !

L'échec est provisoire, mais il doit s'accompagner d'une compréhension structurante. Ce qui aidera l'ado à structurer son rapport à l'amour, au-delà d'une première relation qui se termine, c'est la capacité de l'adulte à croire à l'amour et sa fonction vitale. Le discours qui doit être tenu est celui d'un adulte qui adhère aux beautés de l'énamourement plus qu'à ses ombres.

Témoignage

Aïcha, 18 ans

« Quand Loïc m'a quittée, j'étais brisée, en dix mille morceaux. Il l'avait fait, en plus, en m'envoyant un texto : « Bye. Fini. Fun de t'avoir connu. » Je suis d'origine maghrébine et ce n'est pas facile de parler de ces choses-là dans ma famille. Eh bien, je me suis confiée à ma mère et ce fut bien. On était fâchées depuis plusieurs mois pour des bêtises, mais elle a su m'écouter. Elle m'a juste dit : « Tu en trouveras un autre qui te mérite », et ça m'a fait du bien. C'était il y a deux ans, mais je m'en souviens encore et rien que d'y penser, j'ai les larmes aux yeux ! »

Si l'adulte abonde dans le sens d'une impossibilité de l'amour, en projetant sur l'adolescent ses propres échecs, il ne fera qu'augmenter le trouble et le désarroi. En revanche, poser l'inéluctable besoin d'amour de tout être humain, c'est accompagner l'adolescent dans l'épreuve qu'il traverse à comprendre que son chagrin d'amour est un passage vers un autre amour plus fort et plus serein.

On apprend de l'amour par l'amour et il vaut mieux avoir un cœur qui sert à éprouver et ressentir (même dans la douleur) qu'un cœur vide et exsangue.

À retenir

- Les adolescents sont encore aujourd'hui en recherche du Grand Amour.
- L'adolescence est la période des premières fois et le premier amour est un moment crucial pour le développement psychoaffectif du futur adulte.
- Le Prince Charmant et la Princesse Inaccessible, même sous des noms plus modernes, sont encore des mythes tenaces et nécessaires au moment de l'adolescence.
- Le chagrin d'amour est un apprentissage des nombreux visages de l'amour. Il aide à démystifier les attentes et à aligner l'amour au niveau du réel.

Les ados parlent d'amour

Ils en parlent ensemble ! C'est même le sujet de prédilection des adolescentes ! Ils cherchent à définir comment conjuguer le verbe aimer et comment la sexualité peut avoir sa place dans la relation d'amour. Sexe et amour sont interrogés à la fois comme les deux faces d'une même pièce et, en même temps, comme deux éléments différenciés.

C'est une réalité : les adolescents ne parlent que de ça entre eux, et surtout les adolescentes ! S'il y a une différence à faire (un peu caricaturale, mais souvent vraie), c'est que les garçons parlent plus de sexe et les filles d'amour.

Ce qui nous intéresse ici, c'est de nous rendre compte à quel point les deux sujets – amour et sexualité – sont à la fois abordés conjointement et séparément. Comme je l'ai signifié plus haut, il me paraît évident que les adolescents savent faire la différence entre ce qui est du langage du corps et ce qui est de l'ordre du besoin sentimental. Ils en parlent d'ailleurs pour clarifier cette différence et lui donner du sens.

Lorsque je pose la question à des adolescentes : « Comment parlez-vous d'amour entre vous ? », elles me répondent assez spontanément qu'elles essaient d'abord d'écouter celles qui ont fait l'expérience du premier amour, puis de décrypter ensemble les aventures de certaines héroïnes de séries TV ou de films et de rêver ensemble à ce que pourrait être ce grand moment de l'amour auquel elles aspirent toutes.

Lorsque les adolescents se réunissent pour parler d'amour, ce ne sont jamais des débats très sérieux et longs. Les mots fusent, les affirmations pleuvent et les attitudes des uns vis-à-vis des autres sont parfois de l'ordre de la provocation. Cela est peut-être moins probant dans les discussions entre filles...

Ceci dit, ces discussions groupales sont parfois le prétexte pour se retrouver à deux ou trois et approfondir un sujet, revenir sur une déclaration entendue... bref, pour débriefer plus intimement après la discussion collective. Bien entendu, je force un peu le trait en marquant la différence entre discussion sur l'amour et sur le sexe. Bien souvent, les deux sont liés et se retrouvent.

Zoom

La référence à l'amour des parents est somme toute réduite. Les adolescentes n'ont pas envie de prendre l'amour parental comme modèle, soit parce que l'image des parents est trop encombrante, soit parce que ce que vivent les parents n'est pas agréable à modéliser. En revanche, l'allusion aux grands-parents revient assez fréquemment car ils représentent des figures intemporelles et souvent, la durée de leur union (40 ans, 50 ans...) apparaît comme irréelle, donc fascinante.

Mais là encore, il faut faire une différence entre garçons et filles. À l'évidence, les discussions entre filles peuvent très bien ne porter que sur l'amour sans que l'allusion au sexe n'apparaisse !

Parfois même, l'idée peut être défendue qu'en ne parlant pas de sexe, on ne fait justement pas comme les mecs qui n'ont que ça en tête !

S'exprimer et se donner du crédit

J'ai été amené à animer des groupes de parole d'adolescents en milieu scolaire. Ce que je retiens de ces rencontres, c'est évidemment l'énorme curiosité adolescente sur la sexualité, mais aussi – même dans les quartiers dits en difficulté – une préoccupation de la rencontre amoureuse permanente et sérieuse. Alors oui, bien sûr, ils ont des attitudes gênées, ils sont timides et maladroits, mais dès que la gêne s'estompe, les besoins d'explication sont nombreux. Il est évident que dans ce genre de rencontres, les garçons et les filles sont séparés.

Les filles osent davantage parler de leur intimité et de leurs failles lorsqu'elles sont entre elles. Les garçons restent, malgré une ambiance détendue, dans un combat d'egos où il est difficile d'admettre devant les autres des zones d'incompréhension ou d'ignorance.

Il en ressort la nécessité d'avoir un accompagnement d'adulte face aux mystères de l'amour. À quoi cet adulte sert-il ? Non pas à dire ce qu'est ou pas l'amour, ni à venir trop étaler ses histoires d'amour personnelles. Non, l'adulte est là pour, par sa présence, confirmer le fait que le sujet est sérieux et qu'il peut être débattu dans une énergie mature et sérieuse. Car même s'il y a des blagues, une soi-disant distance, la présence de l'adulte aide à s'exprimer et à se donner du crédit. Cette présence est le témoin de leur aptitude à grandir et à s'affirmer dans une possible relation d'amour. Ainsi, l'adulte devient un garant de leur évolution.

Zoom

Lorsqu'ils acceptent de livrer leurs sentiments sur l'amour, les adolescents envisagent ces points avec sérénité. Ils imaginent la passion amoureuse comme un feu qui ne consume pas, mais qui donne chaud et rassure. Ils sont dans la même fougue et la même délicieuse folie qu'un explorateur face à des terres inconnues. Ils savent que les adultes en face d'eux ont pu vivre ou vivent ces « choses-là », mais ils ont besoin de les éprouver selon leurs critères, leur époque et leurs sensations particulières. Savoir que les adultes connaissent l'amour est une aide, mais celle-ci s'arrête au moment où ils ferment la porte de leur chambre et s'enfoncent dans des rêves dont les confins n'appartiennent qu'à eux.

Ce que dit l'adulte ne doit en aucun cas s'imposer comme vérité en ce qui concerne le sujet de l'amour. Pour la sexualité (nous l'aborderons plus loin), cela est différent, quant à l'amour, il ne sert à rien de rappeler des notions comme la fidélité ou les peines ; les ados ont besoin sur ces terrains-là de tracer leurs propres chemins.

Il y a plusieurs axes que permet d'entrevoir la discussion adolescents/adultes sur la notion d'amour :

La confirmation d'un besoin existentiel

L'adolescent veut en effet confirmer que le besoin d'amour est inhérent à son développement et que ce n'est pas seulement une réponse culturelle ou un conformisme face à ce qu'en disent les adultes.

L'entrée en humanité

Ce point est un corollaire du précédent, mais il va plus loin dans la mesure où il donne à l'adolescent la certitude qu'en voulant aimer, il s'inscrit à l'endroit de ce qui est humain dans le sens positif du terme. Cette assertion permet de construire un système de valeurs stables à partir duquel l'adolescent peut s'envisager comme

« membre des humains », c'est-à-dire à la fois fragile et puissant.

Le droit à l'espoir

Vouloir aimer ou envisager l'amour ou le vivre tout simplement met l'individu dans une perspective où la vie est porteuse d'espoir et de sens. Accompagner les adolescents dans la reconnaissance de ce droit, c'est mettre l'amour au centre du débat...

L'acceptation de l'autre

Lorsque la discussion porte sur l'amour, les adolescents parlent d'eux, de l'effet que l'amour leur fait, de comment ils sont troublés ou voudraient l'être ! Mais il en émerge aussi la place que l'on accorde à l'autre en soi ; comment on le porte tel un talisman en pensant à lui, en lui écrivant des SMS, en cherchant à être dans son environnement, son énergie. L'amour est l'acceptation de l'autre, et l'adolescent qui sort d'une enfance somme toute égocentrée commence ainsi à s'ouvrir à l'acceptation d'un autre que soi et du partage que cela suppose.

Témoignage

Aboraza, 15 ans

« Moi, je suis amoureux et je l'ai dit à ma fiancée. Je lui ai dit : « Je t'aime » ! Waouh ! C'était une boule de feu dans le ventre ! Mais bien ! Le grand kif, c'est l'amour ! »

Se sentir engagé

La construction de l'intimité relationnelle

Pouvoir se confier à quelqu'un qui comprendra, acceptera et aidera à aller mieux. Construire une « équipe d'amour » (selon les termes de Benji, 13 ans) et s'y sentir engagé. Se montrer autre que dans la vie de tous les jours. Imaginer l'avenir ensemble. Envisager la sexualité tranquillement... tous ces points (et d'autres encore !) amènent à la construction d'une intimité particulière qui ne doit rien aux autres car elle est plus subtile et plus belle. C'est l'amour qui en est la cause !

La différence entre la joie et le bonheur

Il est difficile pour les adolescents d'accéder à la notion de bonheur, qui est souvent liée à la dimension matérielle. Ils peuvent être joyeux, mais le bonheur est un mot d'adulte. L'amour permet de ressentir et d'exprimer cette joie. Et la joie est une perception de l'instant qui aide à relativiser l'anxiété ou la sensation permanente d'incertitude que ressentent beaucoup d'adolescents.

Pour aller plus loin

Alain Héril, *Aimer; comment s'aimer soi-même pour aimer les autres*, Éd. Poche Marabout, 2010.

La sexualité comme récompense

Lorsque l'amour est présent, la sexualité s'impose comme une évidence ; elle se vit avec une peur qui se partage et des délices qui se conjuguent. Elle est une récompense et non une obligation. En fait, le scénario dont rêvent tous les adolescents est une entrée en amour la plus forte et la plus agréable possible pour vivre un début de sexualité débarrassé des oripeaux de l'anxiété.

Conclusion

- L'amour est un des thèmes principaux des discussions entre adolescents. Les filles en parlent plus que les garçons.
- Les adolescents ont besoin de parler d'amour aux adultes, mais pas de recevoir un « mode d'emploi de la vie amoureuse » déjà écrit !
- L'amour aide l'adolescent à grandir en humanité.
- L'amour est l'apprentissage de l'acceptation de l'autre.
- Un adolescent amoureux n'est pas obligatoirement triste et mélancolique.

Chapitre 6

Adolescence et sexualité

Le premier rapport sexuel est-il si déterminant pour la suite de la vie sexuelle de l'adolescent ? Ce premier moment où son corps est touché et désiré… et où il touche et désire celui de l'autre…

La première fois

Pour les filles...

Lorsque Mélanie entre dans mon cabinet, ce n'est pas la première fois que je la vois. Nous avons déjà fait plusieurs séances ensemble et notre travail a surtout porté sur sa difficulté à assumer le lycée et ses obligations. Mélanie a seize ans, elle est en seconde et elle voudrait déjà être à la fac, avec « des personnes qui ne sont plus des bébés » ! Mais ce jour-là, je sens confusément que quelque chose est différent. Elle a un léger sourire aux lèvres, elle qui est si souvent boudeuse, elle accepte de me dire bonjour alors qu'habituellement, c'est juste un regard furtif de sa part pour entrer en matière.

Elle s'assoit et dit, triomphalement : « Ca y est ! Je l'ai fait ! » Et de me raconter qu'elle a vécu sa première relation sexuelle et que pour elle, c'est l'entrée dans le monde « des vraies femmes » !

Comme pour beaucoup d'adolescentes, la première relation sexuelle est une initiation qui lui permet de confirmer sa féminité. Bien entendu, j'ai demandé à Mélanie comment cela s'était passé, mais elle est restée évasive, gardant sans aucun doute la narration détaillée de cet événement pour sa meilleure amie. Pour Mélanie, m'en parler fut important car elle devenait à mes yeux une femme et je pouvais ainsi commencer à prendre ses paroles au sérieux.

Mélanie n'est pas un cas isolé. Elle représente une grande partie des adolescentes qui ont besoin de « le » faire avant de « le » vivre réellement. Et il est capital de constater que ce sont avant tout les adultes qui accordent une grande importance à la qualité de cette première fois. Ensuite, au fil des séances, j'ai su que « c'était juste bien », mais que le grand frisson qu'elle était en droit d'attendre de la sexualité viendrait plus tard... avec celui qu'elle aurait élu comme étant son « véritable amoureux ».

Bien entendu, loin de moi l'idée de faire de cet exemple une généralité et de dire que toutes les jeunes filles vivent la même chose. Mais c'est ainsi pour nombre d'entre elles et il me paraissait important de commencer ce chapitre par ce constat.

La première relation sexuelle des filles commence souvent avec une sexualité directe et génitale. Le rapport à la dimension ludique, bouleversante, ouverte de la sexualité se construira au fur et à mesure du temps. Et elles savent parfaitement, comme Mélanie, que cette première fois est une étape. Ceci étant, il est clair que la grande majorité des jeunes filles actuelles n'abordent pas la première relation sexuelle comme un simple cours de gymnastique ! Elles savent qu'il s'agit de la construction d'une confiance et d'une maturité qui leur seront utiles plus tard. Elles placent cette relation dans le cadre d'un mouvement, d'une aventure qui débute. Mais pour les adultes et les parents notamment, cette première fois est vécue comme une fin. C'est la fin de l'innocence de l'enfance, de leur enfant, dont ils ont eux aussi à faire le deuil.

Pour aller plus loin

Eva Ricci, *Premières fois, mode d'emploi*, Hugo et Cie, 2009.

C'est pour cette raison que Mélanie n'en a pas parlé à ses parents. « Je ne veux pas leur faire de mal ! » m'a-t-elle dit. Son observation est terriblement judicieuse car comment, après un tel aveu, accepter d'être câlinée par son père ! Ce n'est plus une très jeune fille qu'il aurait dans ses bras, mais une jeune femme qui a commencé à expérimenter « la grande aventure du sexe » !

Les questions qui peuvent tourmenter la sexualité féminine – l'orgasme, la fluctuation du désir, le rapport amour-sexualité, les fantasmes... – se posent après ce premier moment. Il est souhaitable que celui-ci « se passe bien », mais que veut dire cela ? Tout simplement qu'il n'y ait pas de violence, ni de douleurs et que les prémisses de sensations éprouvées soient suffisantes pour bien augurer de la suite. La première relation sexuelle nourrit rarement mais elle donne souvent faim !

Zoom

Le premier rapport est une entrée dans l'inconnu. Mais cet inconnu est bardé de projections. On en attend beaucoup, on l'espère, on le souhaite grandiose et pourtant, on devine qu'il ne sera pas tout à fait ainsi. Une seule relation sexuelle ne peut pas représenter toute la sexualité !

Parfois, ce premier rapport handicape le reste de la sexualité lorsqu'il est vécu dans de très mauvaises conditions : viol, abus sous alcool, en se sentant obligée de le faire, absence de préservatif... là, les dégâts peuvent être considérables, mais ils sont toujours rattrapables. Une possibilité de résilience existe pour peu que les partenaires suivants usent d'un atout considérable à une « bonne sexualité : le respect.

Parfois aussi, l'appréhension de ce premier moment peut entraîner des situations corporelles désagréables : contractions des muscles internes du vagin empêchant la pénétration (vaginisme), absence de lubrification, évanouissement, peur de la déchirure de l'hymen... Mais au-delà de ces tracas qui restent provisoires et circonstanciés, le plaisir d'avoir franchi cette étape est souvent supérieur au reste. C'est ce que m'a traduit Mélanie et il me reste en mémoire cette satisfaction posée devant moi, l'adulte, comme une superbe bravade !

Pour les garçons…

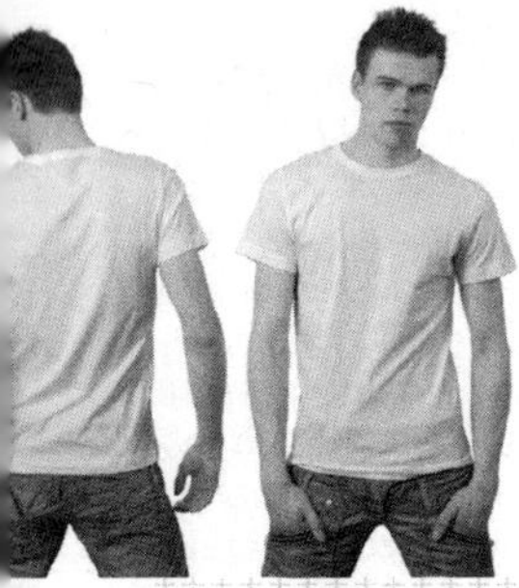

Pour les jeunes hommes, cette première fois est tout autant un mystère que pour les filles ! L'appréhension est au rendez-vous et l'idée de ce premier rapport se singularise par la peur de ne pas avoir d'érection. Bien souvent, au cours de la masturbation, les garçons ont pu se rendre compte qu'ils pouvaient bander, mais là, face à une fille, à un moment où il faudra « assurer », ils ne sont plus sûrs de rien.

Il est vrai que même encore de nos jours, les jeunes ont dans l'idée qu'ils doivent se montrer puissants et conquérants dans la sexualité. Ils sont des guerriers qui doivent montrer de quoi ils sont capables. Mais ils sont au même stade que les filles : ils n'ont pas le mode d'emploi. C'est peut-être là où les images pornographiques peuvent parfois faire des dégâts car ces situations violentes et caricaturales conduiront à la reproduction de modèles de comportements car ils donnent l'illusion de « savoir comment faire ».

Ainsi, un garçon de 15 ans et demi peut demander à une jeune fille du même âge de lui faire d'emblée une fellation ou de pratiquer la sodomie ! Ni l'un ni l'autre n'ont réellement envie de le faire, surtout lors d'un premier rapport, mais les garçons se sentent rassurés s'ils imposent un désir qu'ils pensent être de l'ordre du masculin et qu'ils copient d'un mauvais clip porno.

Au-delà de cette attitude, l'excitation est présente et a une force que les jeunes garçons ne savent souvent pas contrôler. Car, à moins de rencontrer une femme plus âgée jouant le rôle d'initiatrice, l'adolescent risque fort de commencer sa vie sexuelle par la découverte de l'éjaculation prématurée.

Apprendre à se contrôler

Beaucoup d'ados reçus dans mon cabinet m'ont fait part de cette mésaventure de la première fois, mais elle n'est pas la marque indélébile de leur entière sexualité et ils le savent. J'aurais donc tendance à dire que la première relation sexuelle, quel que soit son scénario, est l'antichambre des relations sexuelles à venir. Sauf si elle est extrêmement mal vécue, cette première fois aide surtout à dédramatiser l'acte ; elle fait retomber une pression due à un excès d'attentes et de fantasmes. Et la question de la qualité de la jouissance ressentie prend tout son essor ensuite.

En fait, à l'écoute de la narration de ces premières fois par les adolescents, je me rends compte à quel point l'appréhension les habite, mais que dès qu'ils ont pris la décision, souvent parce que le partenaire semble être le bon, ils se dirigent vers cette première pierre posée de l'édifice de la sexualité avec l'idée que ce qui viendra après sera encore mieux, encore plus jouissif. C'est comme un passage obligé qui doit leur permettre par la suite d'entrer plus sereins dans l'exploration de la sexualité.

N'oublions pas que cela reste un moment de la découverte d'une intimité partagée et que ce vécu par leurs corps n'appartient qu'à eux. L'attitude des parents (lorsque cela leur est dit ou lorsqu'ils le devinent) se doit d'être respectueuse et non intrusive.

À retenir

- La première relation sexuelle n'implique pas les mêmes choses pour un garçon que pour une fille.
- Néanmoins, l'appréhension est au rendez-vous pour les deux.
- La première relation sexuelle est une initiation. Elle n'est pas toujours accompagnée de jouissancc, mais elle aide à entrer dans le monde de la sexualité génitale.
- Les parents, s'ils savent que « la première fois » a eu lieu, doivent demeurer discrets et non intrusifs.

L'adolescent vient d'entrer dans un monde qu'il espérait et il en est maintenant un(e) des composantes. Ce monde est celui de l'affirmation de soi en tant qu'être de plaisir.

La masturbation

Se masturber, c'est découvrir son corps, sa sensualité, son rapport à la jouissance... Mais est-ce si simple ? Et les détracteurs de la masturbation ne sont-ils pas encore présents, comme une voix sourde, à l'intérieur de notre Inconscient collectif ? Quel rôle les parents doivent-ils tenir ? Quels mots employer ?

Heureusement, nous n'en sommes plus au XVe siècle et aux élucubrations du docteur Tissot qui ont été la référence jusqu'au milieu du XXe siècle. C'est lui et d'autres qui ont placé la masturbation au rang des grands péchés de l'humanité et traumatisé des générations entières qui se sont senties malades et schizophrènes face à leurs désirs solitaires !

Néanmoins, l'Inconscient collectif a gardé en lui un regard culpabilisant sur la masturbation. On la tolère assez facilement pour les garçons, un peu moins pour les filles. Et on est encore dans l'idée que se masturber peut se comprendre, mais essentiellement comme compensation à une sexualité génitale défaillante et pauvre.

Il est important d'affirmer ici que la masturbation est pourtant l'un des moments-clés de la construction narcissique et de la compréhension des mécanismes du plaisir. On ne peut pas dire qu'un petit enfant se masturbe, dans la mesure où la découverte de ses organes génitaux est surtout associée à la découverte du plaisir sensuel et sensoriel. Il n'y a pas, pour lui, de recherche orgasmique. Ceci étant, et dans la continuité de cette sensorialité acquise, l'adolescence est le grand moment de la découverte masturbatoire.

Découvrir le plaisir sensuel...

En quoi consiste cette « découverte » ?

Nous avons déjà parlé de l'énorme chamboulement physiologique et psychologique de l'adolescence. Ce bouleversement est aussi la marque de la mise en place d'une force vitale que l'adolescent commence à prendre en considération : la libido. En effet, l'ensemble de l'organisation interne se trouve redistribué en fonction de la prépondérance du désir et de sa prégnance. Il découvre son besoin de jouissance et sa capacité à le vivre.

Certes, la rencontre avec l'autre reste problématique et même si la rencontre avec soi l'est aussi, elle n'en reste pas moins plus directement accessible. Je soutiens donc l'idée que le besoin de se masturber est normal et équilibrant. Et il serait bon que les parents puissent le comprendre avec simplicité et naturel.

Pour contrecarrer l'émergence de sensations inconnues, l'ado cherche soit à les contrôler, soit à les nier ou alors à les évacuer. La masturbation est une réponse à cela. Sa pratique permet d'évacuer le trop-plein de sensations et, dans le même temps, elle donne l'occasion de se découvrir comme « personne jouissante ». Car au-delà de la masturbation elle-même, le tout jeune adulte sent confusément que l'univers de la sexualité n'est pas si simple que cela. Et la masturbation permet de dédramatiser le monde du sexe en donnant la possibilité de gérer ses frustrations, ressentir du plaisir et découvrir son corps.

À retenir

- La masturbation des garçons est plus admise que celle des filles.
- La masturbation est un acte naturel et sain.
- La masturbation est un acte intime. Les parents n'ont pas l'obligation d'en parler avec leurs enfants.

Beaucoup de parents ne savent pas comment réagir. Faut-il l'interdire ? Faut-il en parler ? Ou l'encourager ? Il est à remarquer que ces questions ne se posent pas qu'au regard de la masturbation, voire de la sexualité en général ! Mais en ce qui concerne la masturbation, la réponse est claire : il n'y a rien à faire si ce n'est respecter ce qui se joue dans l'intimité de l'adolescent et du rapport à son corps.

La masturbation est peut-être l'un des moments où les parents sont le plus troublés par l'émergence de la sexualité dans le corps de leurs enfants. Cela les renvoie à leur propre rapport à la jouissance solitaire, à leur vécu et à leur morale. Mais il n'est pas nécessaire de partager ces préoccupations ; elles ont leur champ d'action dans les sphères d'intimité de chacun, ados comme parents.

Ce qu'il est bon et urgent de rappeler à nouveau, c'est que la masturbation adolescente est un acte sain et qu'il n'est en aucun cas, quelle que soit sa fréquence, le signe d'un dérèglement psychopathologique !

Pour aller plus loin

Philippe Brenot, *Éloge de la masturbation,* Éd. Zulma, 1997 – Philippe Brenot, *Le sexe et l'amour,* Éd. Odile Jacob, 2003.

Témoignage

Tom, 15 ans

« Je n'ai pas envie que mes parents sachent que j'ai commencé à me masturber ! Je peux comprendre qu'il faille leur avouer certaines choses pour les rassurer et raconter ce que l'on fait et avec qui et où on se trouve… blablabla… Mais là, c'est mon kif à moi seul et j'ai pas envie de leur en parler. Si j'ai bien retenu mon cours d'histoire, l'Inquisition est terminée, non ? »

Le rapport au corps

Il est compliqué de vivre avec un corps en modifications perpétuelles. Comme déjà souligné, l'adolescent doit faire face à une organisation corporelle sur laquelle il a l'impression de n'avoir aucune prise. De fait, les adolescents s'évertueront à trouver des moyens pour saisir ce corps en mouvement, le comprendre, l'analyser. Il est trop chargé de forces contradictoires et la libido y semble débordante. Toutes ces sensations sont tellement nouvelles que la pensée et la bonne compréhension ne suffisent pas pour tempérer les fulgurances ressenties.

L'adolescent vit pendant quelques années une véritable révolution corporelle, tant au niveau hormonal qu'au niveau de l'apparence extérieure. C'est comme s'il était en prise avec un corps étranger auquel il doit s'adapter chaque jour différemment. Ce corps étrange est le sien, mais à peine a-t-il le temps de s'y habituer qu'il faut une fois de plus mettre en place un processus de domestication des flux nouveaux, des sensations nouvelles.

Ces changements sont fortement liés à la montée de la libido, à son installation au cœur même du corps adolescent. Mais comme la libido est une part inconnue de soi, elle fait peur car elle surprend et dépasse l'imagination. Il est donc nécessaire de maîtriser ses émotions pour garder son identité et ne pas trop se « laisser déborder ».

Ainsi, la maîtrise du corps se fera par des actes qui, pour les adultes, apparaissent violents et pathologiques, mais pour les ados, ce sont des soupapes de sécurité et des recherches de maîtrise.

La masturbation peut donc jouer ce rôle, mais aussi la scarification, le piercing, les tatouages… toute une armada d'attitudes pour dire : « Ce corps est à moi. Je le maîtrise. »

J'ai reçu un adolescent qui m'a avoué à propos d'un tatouage récent : « Depuis que je me suis fait tatouer, je n'ai plus peur de rien ! Je peux prendre le RER tard le soir et c'est plus facile pour draguer les filles ! Pourtant, il ne se voit pas, mais moi, je sais qu'il est là ! »

Codes de maîtrise

Actuellement, les adolescents s'épilent beaucoup. C'est une manière d'échapper aux odeurs corporelles et de se maintenir dans un corps imberbe à un endroit quelque peu désexualisé où ils peuvent encore rester des enfants et ne sont pas obligés d'affronter une sexualité trop directe.

Ces comportements correspondent à des codes de maîtrise, mais (et c'est en lien fréquent avec la difficulté de sexuation) parfois, les adolescentes ne trouvent pas d'autres manières de fuir leur corps qu'en s'enfermant dans des attitudes boulimiques et/ou anorexiques.

Il est évident que si ces attitudes persistent, il est urgent de consulter un psy pour aider l'adolescente (le problème étant surtout féminin) à dépasser la problématique dans laquelle elle est empêtrée.

Pour les adultes, la vision du corps changeant des adolescents ne pose pas problème. Ils ont vécu ces événements et savent sur quoi ils déboucheront. Mais l'ado est en plein centre du cyclone et les mots ne suffisent pas à l'apaiser. Les adultes doivent donc être très attentifs et bien accompagner ces moments de transition parfois délicats.

Pour ce faire, le dialogue reste la meilleure arme, ainsi qu'une attention à des comportements qui peuvent être les signes avant-coureurs de troubles psychologiques : perte de poids excessive ou prise de poids trop rapide, dissimulation des avant-bras (scarification éventuelle), refus systématique de sortir, discours délirant sans tenir compte de la réalité objective.

Sexe et écrans divers

En quoi les images recherchées et vues sur la toile peuvent-elles influencer la mise en acte sexuelle ? Est-ce si dangereux ou non ? Est-ce que cela entraîne une « modélisation » d'un rapport sexuel réel ?

Nous avons déjà plus ou moins posé quelques avis au chapitre 4, sur le lien particulier qui existe entre la curiosité sexuelle et les images trouvées sur Internet.

Néanmoins, il est bon d'aller plus loin au cœur d'un « problème » qui reste préoccupant et qui risque de s'amplifier dans les années à venir.

À l'heure actuelle, les adolescents sont confrontés à un monde d'écrans. Il n'y a pas que le « phénomène Internet » ; il existe également tout une multitude de « surfaces » où les ados scrutent le monde et tentent de communiquer au travers d'une virtualité toute nouvelle et en pleine expansion. Téléphones, jeux vidéos, ordinateurs, tablettes, écrans musicaux, et les applications que sont Facebook et Twitter... la liste est longue et non exhaustive tant elle a tendance à s'accroître chaque jour d'une nouvelle découverte. Donc plus qu'Internet, c'est bien ce lien à l'image qu'il convient d'interroger pour comprendre comment il peut influencer et perturber une sexualité à son commencement.

L'adolescent n'a pas de représentation sensible de la sexualité au travers d'une expérience propre. Il peut avoir commencé son auto-éducation sexuelle par la masturbation, mais il ne sait rien de l'expérience réelle de deux corps nus dans un partage intime et sensuel. Il devine, il cherche, il ausculte le monde environnant pour trouver des images suffisamment parlantes qui pourraient calmer et aussi alimenter ses fantasmes.

Alimenter ses fantasmes

En fonction de son vécu, l'ado n'ira pas chercher des images romantiques et éthérées. Il fera son marché auprès de sites suffisamment crus et directs. Et, en l'occurrence, Internet est un pourvoyeur illimité en images et situations pornographiques. Car même avec une restriction parentale ferme, il arrivera toujours à détourner le contrôle pour accéder à des sites qui viendront combler provisoirement son envie de savoir « comment ça se passe » et « comment on le fait » !

Est-ce si dommageable que cela ? À la fois oui et non. Tout dépendra de la structure psychologique de l'adolescent et de sa capacité à faire la part des choses entre le réel potentiel et le virtuel. Car l'exposition à ces images est une rencontre entre un individu, ses projections fantasmatiques et sa curiosité. S'il n'a pas suffisamment de postures adultes claires et de discours sur ce qu'est la rencontre sexuelle (nous y reviendrons au chapitre suivant) autour de lui, il est évident que l'adolescent se fera son propre « cinéma » et risque de confondre érotisme et pornographie et de modéliser les images qu'il est amené à voir.

Il cherchera donc à les reproduire pour vivre dans la réalité la même intensité qu'il a pu ressentir au contact d'une virtualité forte et sans limite.

Car le danger des images sexuelles proposées sur les écrans est de faire croire que le monde est un « tout sexuel » à l'intérieur duquel les hommes sont toujours en érection et les femmes constamment consentantes et soumises.

Témoignage

Julien, 14 ans

« J'ai toujours été devant des écrans. Et pour moi, c'est ça la vraie vie ! Au collège, les profs en sont encore à la craie ! C'est le Moyen-Âge ! Nous, on vit dans notre temps ! Le porno ? Bof, c'est des images comme le reste. Et ça ne me fait ni chaud ni froid... Je préfère dégommer des zombies sur ma Play station ! »

De tout temps, les adolescents ont voulu comprendre le scénario sexuel sans passer par les explications directes des adultes. Ils cherchent et ont besoin de découvrir un univers suffisamment sulfureux pour à la fois en avoir peur et avoir le désir de s'en rapprocher. C'est cette dynamique que casse internet. Tout est offert de plein fouet, sans hiérarchisation des images, sans commentaires, sans recul. Et l'une de ses tares les plus manifestes est que la pornographie n'a aucun recul sur elle-même ; elle ne cultive pas l'autodérision. C'est un monde sans humour. La charge émotionnelle que l'adolescent peut ressentir à la vue de scènes pornographiques n'est pas remise en question ; elle est plutôt alimentée par d'autres images plus violentes, plus crues et plus extrêmes encore. Et l'univers de la sexualité peut apparaître comme un monde où la chair est profondément triste et où la notion de jouissance n'est qu'un tremblement frénétique sans aucun lien avec la sensibilité.

La recherche de l'amour est bien présente chez les ados, mais elle est difficile et contradictoire. En revanche, le sexe semble facile et à portée de main. Ainsi, certains adolescents peuvent parfaitement abandonner leur besoin de rencontre et de tendresse pour ne vouloir que le frottement, le sexe et ses excès. C'est le même mécanisme qui officiera dans les pratiques groupales: plutôt que d'affronter la complexité des relations humaines où chacun est un sujet, aller vers une vision réductionniste de la relation où l'autre n'est que l'objet de son désir.

Car s'il y a une peur de la rencontre avec le corps réel, il n'y a aucune inhibition à cultiver un rapport à l'image sans limite et sans morale. Les ados en arrivent donc à regarder le monde de la sexualité au travers de ses représentations et en arrivent parfois à oublier la prégnance et la beauté d'une peau ou d'un visage...

Cette pratique ne fait que refléter le monde dans lequel nous évoluons, qui ne se construit que sur l'image et la rapidité sans prendre le temps du recul et de l'analyse. En cela, l'adolescence actuelle raconte une grande partie de notre vie contemporaine.

Les pratiques groupales actuelles

De nouvelles pratiques festives apparaissent. Elles donnent l'illusion d'un rapport au corps simple et direct. Est-ce si évident que cela ? Quelles sont ces pratiques et où est leur danger ?

J'ai déjà abordé cette difficulté que peuvent rencontrer certains adolescents à appréhender avec simplicité le monde réel. Les écrans jouant à ce niveau un rôle de protection et de pare-excitation, avec le risque de faire perdre la mesure de la réalité et de ses obligations.

Appréhender le monde réel

Pour beaucoup d'ados, la réalité est trop abrupte car elle correspond à un univers d'obligations et de contraintes qu'ils ne sont pas aptes à prendre en charge. Ils se réfugient dans des attitudes individuelles d'opposition et de refus ou dans des actes collectifs tendant à renvoyer le monde adulte à ses prérogatives. On voit donc apparaître à chaque décennie des effets de mode collectifs où les adolescents cherchent à provoquer et à secouer leurs parents et la société tout entière. Autant dans les années 1960 et 1970, ces attitudes pouvaient avoir un relent de revendication sociale où l'adolescence semblait réclamer un autre monde plus juste et plus humain, autant à l'heure actuelle, les manifestations d'opposition se font dans une apparente décontraction et un « je-m'en-foutisme » qui en dit long sur le peu d'espoir qu'ont les ados à propos de leur capacité à avoir une réelle influence sur d'éventuels changements sociétaux. Il faut donc analyser les pratiques groupales actuelles comme une représentation du désarroi adolescent, et aussi comme une tentative de choquer un monde qui ne fait plus l'effort de les comprendre vraiment.

Lorsqu'on parle avec des adolescents sur leur façon de voir le monde qui les entoure, ils sont souvent sceptiques et ne croient guère à nos instances politiques et à la capacité de modifier une réalité qui, est pour eux source de conflits et de gênes.

Le refuge dans la recherche de sensations excessives est propre à l'adolescence. De nos jours, il se teinte d'une désinvolture et d'un

À retenir

- Les adolescents sont constamment face à « un monde d'écrans ».
- Les images pornographiques montrent de la chair en mouvement et non pas du sentiment.
- Les adolescents savent parfois faire la différence entre le réel et le virtuel.
- Il appartient aux adultes d'être solides et matures dans leur propre rapport à la réalité. Ils sont un exemple stable et modélisable pour leurs enfants.
- L'approche émotionnelle de la sexualité est plus complexe que l'approche distancée et froide des représentations en images.

manque d'espoir dont l'héritage remonte aux premières années Sida et au mouvement punk. Si ce n'est qu'ici, tout est dépolitisé et le jeu avec la sexualité est extrêmement présent.

Les Skins Party

La mode des Skins Party est récente. Elle est inspirée de la série TV britannique *Skins* où, dans un univers complètement débridé, des adolescents inventent des soirées sans limites où se retrouvent mélangés le sexe, l'ecstasy, l'alcool et la musique électro. Ici, pas de contraintes, mais une recherche de liberté sexuelle qui, lorsqu'on s'y penche un peu, n'est qu'une façade ! Car ce qui compte avant toute chose, c'est de vivre des soirées « hors limites » pour pouvoir les filmer, les photographier et les faire circuler ensuite sur internet. En fait, le moment vécu n'a de sens et de force que dans la perspective de sa prochaine exposition sur la toile !

Dans les Skins Party, il y a des « black room », sortes de pièces où toute dérive est permise, où on pourrait penser que la permissivité sexuelle et les passages à l'acte sont fréquents. Eh bien, pas tant que ça ! C'est souvent des batailles de polochons qui font office de partouzes !

Ceci étant, les Skins Party restent des moments propices à l'exhibition et ce sont souvent les jeunes filles qui se retrouvent en sous-vêtements. Mais nous sommes ici face à un besoin de délire qui n'a que l'apparence d'un besoin de débauche. Et même s'il y a de réels excès qu'il ne s'agit pas de cautionner ici, la réalité est souvent plus pauvre que les fantasmes, et le présent n'a que peu de place. Ce qui compte, c'est de revoir les images le lendemain sur Facebook !

Tisser des liens

Il faut bien avouer que cette pratique est pour l'instant assez marginale. Il est bon de se méfier des effets de mode et nul ne peut dire si les Skins Party ont un avenir réel ou pas. Néanmoins, le risque de ces pratiques est de laisser la notion de fête dériver vers une attitude où l'excès prime sur le reste. Le besoin de faire la fête est structurant car il permet de construirc et de tisser des liens d'amitié et de connivences. Que l'ado utilise ces moments festifs pour faire des écarts est somme toute logique. Ce qui l'est moins, c'est lorsque ces écarts deviennent des « cassures » (pour reprendre la différence faite entre ces deux termes par Xavier Pommereau dans *Ados en vrille, mères en vrac,* cf. bibliographie). Car dans une recherche de cassure, il y a une souffrance réelle qui s'exprime et une impossibilité à accepter le monde tel qu'il est. Là encore, les attitudes parentales doivent être de l'ordre de l'observation attentive et bienveillante. Les signes de dépression, la tristesse, les chutes de notes, l'insomnie, les phrases autodépréciatives (« Je ne vaux rien » – « Je suis nul en tout » – « Personne ne peut m'aimer »...) doivent alerter. La première des choses est de proposer le dialogue ; la seconde est de ne pas hésiter à faire appel à un professionnel (psychologue, psychiatre, psychothérapeute...).

Les binge drinking

Il s'agit là encore d'une pratique groupale apparue d'abord dans les pays anglo-saxons. Le système est simple : se réunir entre garçons et filles et boire le plus possible dans un minimum de temps ! *Binge drinking* peut d'ailleurs se traduire par « hyperalcoolisation » ou « alcoolisation paroxystique ». Dans ce cas-là, la sexualité est présente au début car elle accompagne la montée en puissance du taux d'alcoolémie. On s'embrasse, on se tripote, on peut se retrouver en petites tenues, mais comme l'ivresse vient rapidement, le caractère sexuel de cette pratique s'estompe rapidement au profit d'un endormissement éthylique bien souvent dangereux et problématique.

Le binge drinking est une manière déguisée pour échapper au sexe. On se donne l'illusion de pouvoir faire des choses ensemble, mais tout est tourné vers l'alcool et sa consommation excessive tue rapidement la libido dans l'œuf tant on sait qu'alcool et prouesses sexuelles ne vont que très peu ensemble !

Comme pour les Skins Party, l'adulte se doit d'être dans une position d'observateur. En général, l'usage excessif d'alcool entraîne des comportements facilement identifiables dès le lendemain : odeurs d'alcool, débit de parole ralenti, irritabilité, hilarité gratuite, vomissements, besoin d'alcool pour retrouver le niveau d'alcoolémie antérieur... Lorsque ces signes se retrouvent après chaque fête, il est probable qu'une alcoolisation systématiquc se produit. Les parents peuvent dans ce cas se positionner de manière rude et autoritaire en interdisant toute sortie pendant un temps. Si l'alcoolisation correspond à un mal-être profond, il sera bon alors d'amener l'ado à consulter afin d'enrayer dès le début un risque d'addiction.

Les tape sex

Faire une vidéo sexuelle et sans tabous de ses ébats et l'exposer sur le net ou bien l'enregistrer à l'insu de sa partenaire... les *sex tapes* de stars fleurissent sur la toile. Rihana, Eva Longoria, Britney Spears sont visibles gratuitement dans leurs moments les plus intimes, avec ou sans leur consentement. Pour les ados, faire de même paraît donc naturel. Le plus souvent, ce sont deux ou trois personnes qui décident d'en piéger une autre et de faire circuler les images via les téléphones portables, Facebook ou autre... Il est évident que l'atteinte narcissique est profonde et blessante et qu'il faut de longs mois pour se remettre d'une telle honte!

Témoignage

Valérie, 41 ans

« Ma fille s'est retrouvée sur internet à ses dépens. On la voyait montrer ses seins à un copain dans des positions très suggestives. Elle fut la risée de toute sa classe et nous avons été obligés de la changer d'établissement. Nous avions même pensé à un moment donné de déménager. Ce fut et c'est encore un véritable traumatisme. Pour elle et pour toute la famille! »

On peut penser que les copains ou copines qui font subir cet outrage à leurs amis sont quelque peu sadiques. C'est vrai, mais se cache derrière ces agissements un dégoût du corps, un rejet des modifications corporelles propres à l'adolescence. Ceux qui enregistrent des tapes sex sont dans une difficulté à accepter leurs propres corps et ils le traduisent au travers de l'atteinte faite aux corps des autres. Sous prétexte d'une mauvaise blague se racontent les affres de la construction sexuelle adolescente et un jeu avec les codes sexuels qui est empreint de morbidité, mais également de peur et de fascination.

Les nude party

Ici, on se retrouve pour une soirée des plus normales. On mange des pizzas, on regarde des DVD, on discute... tout en étant complètement nu ! Cela peut ressembler à un jeu ou à une recherche de désinhibition, mais souvent, des jeunes filles se retrouvent piégées dans ce genre de soirées qu'on leur avait présentées comme normales et fun et qui finissent en cauchemar. Elles n'osent pas dire non, sont obligées d'aller à l'encontre d'une pudeur jugée ringarde par l'entourage et en ressortent traumatisées et meurtries.

Il est évident que toutes ces pratiques groupales racontent une difficulté à vivre les bouleversements hormonaux de l'adolescence avec calme et sérénité. La recherche de festivités et de jeux avec les limites n'est pas nouvelle. Nous pouvons souligner ici la place qu'occupe le rapport à l'image et l'importance des réseaux internet pour signifier un besoin accru de se situer du côté de la représentation de l'acte et non de l'acte en lui-même.

Le rôle des parents est de rester vigilant sans être trop inquisiteurs, car ils ne pourront jamais empêcher leurs enfants de s'amuser. C'est plus le lendemain qu'il est nécessaire de guetter les signes d'éventuelles traces de dérives (prolongement du temps de sommeil, hébétude, vomissements, repli sur soi, irritabilité...). Ces signes seront manifestes, même masqués par une attitude désinvolte, pour peu que le dialogue entre parents et enfants soit une habitude inscrite dans les comportements.

La contraception

Au-delà de son rôle d'empêcher une grossesse involontaire, la contraception est aussi, hélas, la meilleure façon de se prémunir d'une infection sexuellement transmissible, notamment du VIH.

Le questionnement sur la contraception vient très tôt chez les adolescents, et c'est peut-être la discussion qu'il est bon de solliciter naturellement auprès de sa fille ou de son fils.

Approuver avec bienveillance

Bien sûr, parler de contraception, c'est parler de protection, et il n'est pas toujours agréable pour les parents d'aborder la sexualité au travers de thèmes comme la menace, la mort ou le risque. Mais cette approche peut permettre d'installer un espace de confiance propice à des échanges où des notions comme l'amour et la relation pourront être abordées.

Le rôle des parents à ce niveau-là n'est pas de se substituer au corps médical, mais d'inciter leurs enfants à mettre une part de réel au cœur des fantasmes que peut susciter la perspective d'une « entrée en sexualité ». C'est aussi indirectement leur dire qu'on les approuve et qu'on donne comme une permission. Cette dernière est empreinte de bienveillance et de compréhension et la discussion autour de la contraception laisse entendre que le parent désire que tout se passe bien pour son enfant et que sa sexualité soit plutôt basée sur le plaisir que sur l'inquiétude.

Évidemment, il arrive que des parents doivent accompagner leur fille dans la dure épreuve de l'IVG. Mais même dans ce cas, il paraît indéniable que le parent doit comprendre la souffrance de sa fille qui est supérieure à ses propres états d'âme ou à ses propres vues morales.

C'est ainsi qu'un lien d'adulte à adulte peut se nouer et que la sexualité peut devenir un « bon moyen » pour dire à son enfant qu'on le reconnaît avec fierté comme membre de la communauté des adultes !

L'homosexualité

Entre 12 et 18 ans, chacun fait l'expérience de sa sexuation, se découvre et s'affirme en tant que fille ou garçon, homme ou femme. Ce parcours n'est pas aussi simple qu'il n'y paraît. Nous avons déjà parlé de cette période de construction identitaire. Le questionnement sur l'homosexualité en fait partie. Il ne s'agit pas de se déterminer en tant qu'homosexuel ou lesbienne, mais bien de tester son rapport à un corps de même nature que le sien.

Freud avait souligné en son temps la profonde bisexualité psychique de tout être humain. Il semblerait que l'adolescence soit le moment d'une résurgence de cette bisexualité, avec tous les questionnements qui l'accompagnent.

On peut affirmer que les épisodes homosexuels que vivent les adolescents ont aussi pour nature de dédramatiser la sexualité. L'approche hétérosexuelle pouvant sembler parfois trop encombrante et le désir de

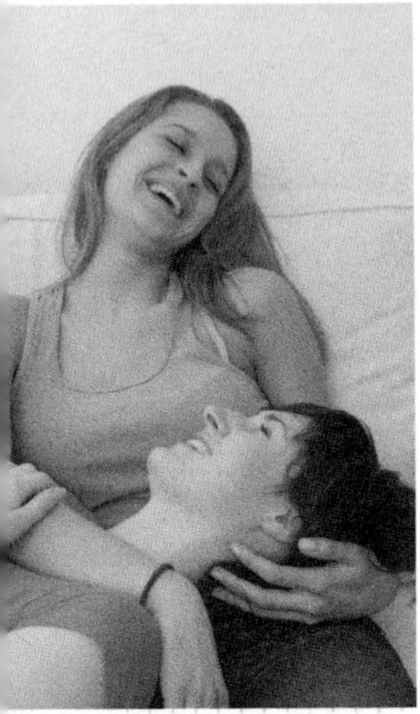

sexualité être néanmoins présent, on peut aller vers une rencontre « du même sexe » afin de faciliter les choses, mettre de la tendresse là où on redoute de la rudesse et se rassurer sur sa capacité à jouir et à faire jouir. Ainsi, le passage par une pratique homosexuelle peut à la fois aider à l'hétérosexualité, comprendre sa dimension bisexuelle et accepter plus facilement ce que dit l'homosexualité de l'être humain.

Je ne veux pas ici ramener l'homosexualité à un seul rite de passage. Il s'agit aussi d'une véritable structure de sexualité. Mais le jeune adulte qui fait l'amour avec un partenaire du même sexe n'est pas toujours structuré par une prédominance homosexuelle. Soit il la traverse, soit il l'incarne avec plus ou moins de facilités. Il n'en reste pas moins que l'adolescence est un moment suffisamment particulier de l'édification sexuelle et que l'expérience de l'autre s'y fait souvent en passant par des moments (parfois furtifs) d'homosexualité vécue. Cela est surtout présent chez les filles qui n'hésitent pas à construire des amitiés fusionnelles où l'on se dit tout, on dort ensemble, on prend douche commune... bref, on joue avec les codes lesbiens sans tout à fait les incarner. C'est une manière de construire une intimité amoureuse et tendre, comme un prélude à ce qui va venir. C'est aussi une façon de traverser une timidité parfois encombrante et de la partager avec une sœur de vie qui aidera ainsi à grandir et à naître à soi-même dans l'amour et le respect de soi.

Amour et respect de soi

En parleront-ils à leurs parents ou à leurs amis ? Rien n'est moins sûr ! Il est certain qu'il y a souvent moins de heurts dans les rencontres homosexuelles adolescentes que dans les échanges hétérosexuelles marquées du sceau de l'incompréhension et de la peur du sexe opposé.

Ceci étant, nous ne pouvons passer sous silence la grande solitude des ados qui se découvrent homosexuels et qui ont toutes les peines du monde à vivre leur sexualité tant ils sentent d'animosité et de refus autour d'eux.

J'ai reçu de nombreux garçons qui avouaient faire semblant d'aimer les filles pour satisfaire leurs parents ou ne pas subir les railleries de leurs copains. Car même si notre société semble mieux accepter l'homosexualité dans certains milieux et certaines cultures, elle est encore vécue comme une tare et une maladie. C'est à cet endroit que les psys ou les autres professionnels de la relation d'aide ont un rôle à jouer pour aider ces jeunes personnes à affirmer un choix de sexualité qui est aussi digne et aussi heureux que l'hétérosexualité.

Conclusion

On ne peut nier l'existence des pratiques groupales décrites ici. En revanche, il est bon de rassurer les parents et de dire que celles-ci restent marginales et ne touchent qu'un nombre limite d'adolescents. Elles ne constituent en rien un passage initiatique obligatoire ! Si la communication au sein de la famille reste fluide et présente, l'adolescent viendra volontiers exprimer ses doutes, ses interrogations, ses tentations… aux adultes alors de l'aider à ne pas se compromettre dans des situations dangereuses pour son intégrité tant physique que psychique.

Chapitre 7

Les parents et la sexualité adolescente

Être parent n'est pas chose facile, c'est une évidence que de le dire et chaque parent peut le confirmer. Aucune école des parents n'existe et la bonne volonté comme l'amour ne suffisent pas toujours pour être sûrs de bien faire.

Face à l'adolescence, les parents sont souvent démunis et cherchent un mode d'emploi qui n'a pas été inventé. Et il faut bien reconnaître que tout le monde est démuni car les ados eux-mêmes n'ont pas de réponse systématique aux questions urgentes que leur posent leurs corps et leurs psychismes. Et comme la seule référence à leur propre adolescence ne suffit pas, les parents s'en trouvent bien souvent relégués à choisir entre autoritarisme forcé ou laisser faire.

Pour aller plus loin

Élisabeth Leblanc Coret, Dr Pierre Coret, *Bien communiquer avec son ado*, Éd. Jouvence, 2010 – Juliette Allais, *Les liens mère-enfant*, Éd. Jouvence, 2010.

Une interpellation ouverte

Justement, le fait que la période adolescente interpelle tout le monde laisse augurer d'un besoin de solidarité et de compréhension de part et d'autre. Bien souvent, les adolescents utilisent l'humour, la désinvolture et tout un tas de stratégies pour ménager leurs parents et tenter de faire seuls un apprentissage de la vie qui n'est pas simple. Ils construisent leur liberté et leurs silences ne sont pas synonymes de dédain, mais d'impossibilité à tout dire d'emblée.

Comme déjà souligné, l'avènement de la sexualité, des fantasmes, des désirs dans le corps d'un adolescent est un bouleversement qu'il faut lui laisser vivre. Mais c'est aussi un bouleversement pour les parents qui voient leurs fils et leurs filles affirmer un corps mature et sexué. La sexualité devient la marque d'un éloignement certain du cercle familial qui a fonctionné comme seul repère pendant de longues années.

Le mouvement existentiel que fait un adolescent est le passage d'un seul monde de référence, celui des parents, à deux modes de référence : le monde des parents et le sien qui se construit petit à petit avec ses sources propres. Et tout le monde sait que cela débouchera ensuite sur un mode unique : la référence à soi, à sa construction personnelle et à son désir. Il est indéniable que l'édification d'une sexualité autonome aide les ados à parcourir ces « mondes » et à construire une réelle et salutaire autonomie.

Une salutaire autonomie

C'est un principe initiatique qui aide à grandir, et les parents vivent ce moment comme une initiation eux aussi. Ils apprennent à « lâcher » leurs enfants dans le monde et à continuer à construire leur vie en se tournant vers leur propre réalisation. Il s'agit donc d'un moment de la vie particulièrement important et structurant pour tout le monde et – je le redis – la sexualité y joue un rôle considérable.

Ruptures, éloignement, retrouvailles, joies, incompréhensions... toute une gamme de sentiments qui bouleversent et offrent l'espace pour mieux comprendre la vie. Pour mieux se comprendre et se connaître au sein d'une même famille.

L'une des questions qui se pose le plus souvent aux parents est celle de l'autorité. Il est évident qu'ils ne sont plus face à des enfants qui obéissent sans rechigner aux propositions parentales.

L'ado aura une opposition régulière et c'est souvent sous le signe de la négociation que les discussions ont lieu. Il ne s'agit donc pas pour le parent d'abandonner sa place d'autorité, de tuteur, mais de la penser autrement et de comprendre qu'il a en face de lui quelqu'un en pleine phase de construction identitaire qui a besoin d'affirmer son point de vue et de singulariser ses sensations.

Le parent doit donc apprendre à sortir de l'autoritarisme, source automatique de conflits, pour aller vers une position d'autorité plus souple. Il est à noter qu'étymologiquement, autorité signifie aussi « donner de la hauteur » ou même « aider à être auteur ». Je retiendrais cette dernière définition car elle me paraît correspondre tout à fait à ce dont il est question ici. Face à la sexualité des adolescents, le parent est celui qui aide à être auteur de sa propre sexualité. La sexualité des adolescents ne se muselle pas. Et ce n'est pas la sexualité parentale qui doit être modélisée. Le parent accompagne plus qu'il n'édicte. Il fixe le cadre moral de ce que doit être une sexualité épanouie et cela en fonction de la culture à laquelle se rattache la famille. Le parent est le représentant de cette culture. L'adolescent se conformera ou non à cette culture, mais au moins, elle est énoncée et posée.

Il me semble aussi que les parents apprennent au contact de l'éveil sexuel de leurs enfants. Ils apprennent sur leur propre rapport à la sexualité, au désir, à la morale, au plaisir... C'est un mouvement qui se fait dans les deux sens. Il n'y a pas d'un côté une vérité absolue et de l'autre une simple obéissance à cette vérité. C'est un mouvement de vie qui bouleverse et aide à mieux comprendre qui l'on est et où l'on va. Que l'on soit adolescent ou parent !

Pour aller plus loin

Daniel Marcelli, *Il est permis d'obéir*, Éd. Albin Michel, 2009 – Claude Halmos, *L'autorité expliquée aux parents*, Le livre de poche, 2008

Conclusion

J'ai pour ma part une vision positive de l'adolescence. Elle permet aux adultes de continuer à se poser de justes questions sur leur rapport à certains idéaux.
Dans une lettre écrite à 16 ans, Arthur Rimbaud dit à l'un de ses professeurs : *«…car voyez-vous, je m'entête affreusement à adorer la liberté libre.»* Cet « entêtement affreux », qui traduit la difficulté à vouloir et à désirer, est accompagné d'un besoin absolu de liberté. Rimbaud dit ce que disent la plupart des adolescents dans cette aventure de la découverte du désir. Ils cherchent à briser les cadres, certes parfois avec maladresse ; mais c'est une force de vie qui s'exprime.
La manière dont nous, adultes, acceptons d'être bouleversés par cette force est un enjeu majeur pour la construction de notre société à venir.

Bibliographie

Bibliographie

Romans

Colette, *Le blé en herbe*, Flammarion, 2004
André Hardellet, *Lourdes, lentes*, J.-J. Pauvert, 1974
Philip Roth, *Portnoy et son complexe*, Gallimard, 1970
Jérome David Salinger, *L'attrape-coeurs*, R. Laffont, 2003
John Steinbeck, *À l'est d'Eden*, Éd. Mondiales, 1970

Essais

Juliette Allais, *Les liens mère-enfant,* Éd. Jouvence, 2010
Dr Claude Allard, Cecile Dollé, *Qu'est-ce qu'il y a à la télé ?* (Aider nos enfants à faire leur choix), Albin Michel, 2005
Catherine Bensaïd, *Aime-toi, la vie t'aimera,* Pocket, 1992
Bruno Bettelheim, *Psychanalyse des contes de fées,* Éd. Pluriel, 1976
Philippe Brenot, *Éloge de la masturbation,* Éd. Zulma, 1997
Philippe Brenot, *Le sexe et l'amour,* Odile Jacob, 2003
Gary Chapman, *Les langages d'amour des adolescents,* Éd. Farel, 2009
Collectif, *La sexualité à l'adolescence,* Collection fondation pour l'enfance, Éd. CairnInfo, 2010
Françoise et Catherine Dolto, *Paroles pour adolescents ou le complexe du homard,* Gallimard Jeunesse, 2008
Marie-Louise Von Franz, *La femme dans les contes de fées,* Albin Michel, 1993
Brigitte Gicquel-Kramer, Christine Dimajo-Donati, *Devenez un parent coach,* Éd. J. Lyon, 2010
Philippe Gutton, *Adolescents,* PUF, 1996

Philippe Gutton, *Comment entendre ce que votre ado ne vous dit pas ?* Éd. Fleurus, 2004

Claude Halmos, *L'autorité expliquée aux parents*, Le livre de poche, 2008

Alain Héril, *Aimer – Comment s'aimer soi-même pour aimer les autres*, Éd. Poche Marabout, 2010

Elisabeth Leblanc, Pierre Coret, *Bien communiquer avec son ado*, Éd. Jouvence, 2010

Daniel Marcelli, *Il est permis d'obéir*, Albin Michel, 2009

JD Nasio, *Comment agir avec un adolescent en crise*, Éd. Payot, 2010

Xavier Pommereau, *Ado à fleur de peau*, Albin Michel, 2006

Eva Ricci, Caroline Thompson, *Premières fois, mode d'emploi*, Hugo & Cie, 2009

Marcel Rufo, *Tout ce que vous ne devriez jamais savoir sur la sexualité de vos enfants*, Éd. A. Carrière, 2005

Marcel Rufo, *La vie en désordre* (voyage en adolescence), Le Livre de poche, 2009

Denise Stagnara, *L'amour c'est génial, mais... – 60 lettres d'adolescents sur le sexe et l'amour*, Interéditions, 2005

Revues

Adolescence, revue psychanalytique sur l'adolescence, dirigée par Philippe Gutton

Bandes dessinées

Charles Burns, *Black Hole,* Éd. Delcourt, 2004

PEF et Hélène Bruller, *Le guide du zizi sexuel,* Éd. Glenat, 2001

Filmographie

La sexualité et l'amour chez les adolescents

American pie, Paul et Chris Weitz, 1999
Black swan, Darren Aronofsky, 2010
Jeux interdits, de René Clément, 1952
Ken Park, Larry Clark, 2003
Les beaux gosses, de Riad Sattouf, 2009
Twilight : Adaptations cinématographiques des œuvres de Stephenie Meyer
  1. *Fascination*, Catherine Hardwicke, 2008
  2. *Tentation*, Chris Weitz, 2009
  3. *Hésitation*, David Slade, 2010
  4. *Révélation*, Bill Condon, 2011 et 2012

L'adolescence en général

Harry Potter : Adaptations cinématographiques des œuvres de J.K. Rowling
  Harry Potter à l'École des Sorciers, Chris Columbus, 2001
  Harry Potter et la Chambre des Secrets, Chris Columbus, 2002
  Harry Potter et le Prisonnier d'Azkaban, Alfonso Cuarón, 2004
  Harry Potter et la Coupe de Feu, Mike Newell, 2005
  Harry Potter et l'Ordre du Phénix, David Yates, 2007
  Harry Potter et le Prince de sang-mêlé, David Yates, 2009
  Harry Potter et les Reliques de la Mort, de David Yates, 1re partie 2010, 2e partie 2011
Juno, Jason Reitman, 2007
L'argent de poche, François Truffaut, 1976
La belle personne, Christophe Honoré, 2008
La boum, Claude Pinoteau, 1980
Lol, Lisa Azuelos, 2008

Toi, moi et les autres, Audrey Estrougo, 2009
Tout ce qui brille, Géraldine Nakache, Hervé Mimran, 2009
Un été 42, Robert Mulligan, 1971
Virgin suicides, Sofia Coppola, 2000

Séries TV

Grey's anatomy, Shonda Rhimes
Les Simpson, Matt Groening
Plus belle la vie, Hubert Besson
The Skins, Jamie Brittain et Brian Elsley
The Vampire diaries, Kevin Williamson et Julie Plec

Sites internet

L'adolescence et ses problématiques

www.ados.fr
Jeunes violence écoute – 0800 20 22 23 – www.jeunesviolencesecoute.fr
Ligne Azur (sur la sexualité) 0810 203 040 – www.ligneazur.org
Fil santé jeunes 0800 235 236 – www.filsantejeunes.com

Maisons des adolescents

Maison départementale de l'adolescent Marseille +33 (0)4 91 37 33 77
Centre Jean Abadie Bordeaux +33 (0)5 56 79 56 79
Maison des adolescents Nantes +33 (0)2 40 20 89 65
Maison des adolescents/ Maison de Solenn Paris +33 (0)1 58 41 24 24 – www.mda.aphp.fr
Thélémythe 2000 – 6 bis avenue du Maine – 75015 Paris +33 (0)1 49 54 01 00 – www.thelemythe.asso.fr

Crédits photos :

p. 3 © Jean Augagneur
Fotolia.com : p. 13 © Jaimie Duplass •
p. 15 © Vladimir Wrangel • p. 18 © Dmitriy Melnikov •
p. 23, 63, 105 © Yuri Arcurs • p. 27 © Heide Hibbard •
p. 29 © Godfer • p. 31, 83 © Dmytro Konstantynov •
p. 37, 84, 88 © Sumnersgraphics Inc • p. 41 © Edyta Pawlowska
• p. 42 © Chlorophylle • p. 49 © Lisa F. Young •
p. 51, 101 © Laurent Hamels • p. 53 © Auremar •
p. 56 © Angela • p. 61 © Julia Nelson • p. 67 © Photocreo •
p. 70 © Vibe Images • p. 74 © Valua Vitaly •
p. 78, 98 © Driving South • p. 95 © Unclesam •
p. 97, 111 © James Peragine • p. 102 © Andrejs Pidjass •
p. 108 © Kurhan • p. 114 © Mangostock • p. 117 © Kouptsova •
p. 119 © Michael Jung • p. 120 © Franck Boston

blackprint
A CPI COMPANY

Achevé d'imprimer par Litografia Rosès en septembre 2011.

Imprimé en Espagne

Dépôt légal : Octobre 2011

Ce livre est imprimé par Litografia Rosès qui assure une stricte application
des régles concernant le recyclage et le traitement des déchets,
ainsi que la réduction des besoins énergétiques.